GEHEIMES SALZBURG

Ein genussvoller Roman

Edith Kneifl

LICHTBLICK
BUCHVERLAG

1. Auflage
 Idee, Konzeption und Fotos: Ing. Wolfgang Steinmetz; Recherche Locations: Nina Tiefner; Geschichtliche Geheimtipps: Barbara Schwaiger; Lektorat: Helene Zenhäusern, Schweiz; Grafik/Bildbearbeitung: Johann Müller; Druck und Bindung: Ueberreuter Print und Digimedia GmbH

Herzlichen Dank für die Unterstützung bei der Umsetzung: Stadtarchiv Salzburg, Glockengasse 8, 5020 Salzburg, Stadtplan 1903; Salzburg Congress, Auerspergstrasse 6, 5020 Salzburg, Stadtführung; Für die teilweise Copyright freie zur Verfügung Stellung von Fotos unserer Partner danken wir: Hotel Goldener Hirsch, Salzburg Congress, Hotel Bristol, Triangel, Residenz zu Salzburg, Schlossverwaltung Hellbrunn, Salzburger Festspiele und Altstadt Salzburg Marketing.

Lenzing Papier GmbH, Werkstraße 2, 4860 Lenzing

Titelbild: Mozartstuhl, Zoltan Pap

ISBN: 978-3-9502307-3-4
Printed in Austria, August 2008
gedruckt auf Impact-CO_2 neutral 120g/m^2 eine Marke von Lenzing Papier GmbH.

GEHEIMES SALZBURG

Ein genussvoller Roman

Edith Kneifl

GUINNESS
Shamrock Irish Pub
ESPRIT
GEHMACHER

MOZART
WOHNHAUS

Kapitel 1

In Salzburg ist überall Platz für eine Bühne. Die ganze Altstadt sieht aus wie ein Theater ohne Dach, hatte schon Max Reinhardt behauptet. Nur der Bahnhof ist ein Schandfleck, dachte Lisa, als sie ihre schwere Reisetasche die steile Treppe hinunterschleppte.

Anna Barnabo hatte sie zu ihrem dreißigsten Geburtstag mit Karten für die Salzburger Festspiele überrascht. Lisa hatte ihre Tante erst vor kurzem, als sie sich in Venedig auf die Suche nach ihrem leiblichen Vater gemacht hatte, kennen gelernt. Außerdem hatte Anna ihr den Kontakt zu einem französischen Kardiologen und Freund der Familie vermittelt, der jedes Jahr zur Festspielzeit in Salzburg weilte. Lisa war sehr neugierig auf Doktor Pierre Marc.

Sie stieg in das erste Taxi. Ließ sich ins ART-Hotel Blaue Gans schräg gegenüber der Pferdeschwemme bringen. Der Hoteldirektor Andreas Gfrerer hatte es geschafft, aus einer der ältesten Gaststätten der Stadt ein bewohnbares Kunstwerk zu machen. In allen Zimmern und in den von Tageslicht durchfluteten Gängen hingen Bilder. Sogar die Toiletten waren mit Kunst geschmückt.

Kaum hatte Lisa ihr modernes, minimalistisch eingerichtetes Zimmer bezogen, klingelte ihr Handy.

„Pierre Marc. Ich hoffe, Sie hatten eine angenehme Reise". Seine Stimme war tief und melodisch. Außerdem hatte er diesen entzückenden französischen Akzent.

Sie verabredeten sich in einer halben Stunde im Feinkostladen Kölbl zu treffen.

„Leider sperren sie samstags schon um 12 Uhr 30 zu, meistens wird es ohnehin später", sagte Pierre. „Aber wir sollten uns trotzdem ein bisschen beeilen."

Sie zog sich gar nicht erst um, sondern lief in Jeans und T-Shirt hinüber in die Theatergasse.

Heinrich und Christine Kölbls Feinkostgeschäft befand sich in einem Haus, in dem die Familie Mozart gewohnt hatte, nachdem es ihr in der Getreidegasse zu eng geworden war.

Köstlicher Kaffeeduft stieg Lisa in die Nase, als sie den Laden betrat.

Christine Kölbls Schwester Maria, die gute Seele dieses Feinschmeckerparadieses, kam sogleich auf sie zu. „Sie müssen Lisa sein. Pierre hat mir schon von Ihnen erzählt. Er steht dort vorne." Sie deutete auf die Theke.

Das frische Obst und knackige Gemüse gleich beim Eingang sah sehr verlockend aus. Lisa schnappte sich einen rotbackigen Jonathan-Apfel und folgte Maria durch das Getümmel zu der Vitrine mit den italienischen Antipasti und den anderen Köstlichkeiten. Das Wasser lief ihr im Mund zusammen. Sie bestellte sich ein Roastbeef mit Sauce Tartare.

Der französische Freund ihrer Tante stand mit einer Gruppe junger Leute an einem Stehtisch neben der Theke. Er blickte sie verblüfft an, als sie ihm die Hand hinstreckte. Küsste sie aber gleich links und rechts auf die Wange. „Sie sehen Ihrem Herrn Papa sehr ähnlich. Das gleiche dichte schwarze Haare, die gleichen dunkeln Augen... Une beauté!"

Lisa fand den Kardiologen auf Anhieb sympathisch. Nicht nur wegen dieser Bemerkung. Ihr gefielen auch sein offenes Lächeln und seine klugen, rehbraunen Augen.

„Sie kennen meinen Vater?“
„Natürlich. Allerdings habe ich ihn lange nicht gesehen. Anna hat mir von Ihren abenteuerlichen Erlebnissen in Venedig berichtet. – Aber sagen Sie, wie geht es Anna wirklich? Wenn wir miteinander telefonieren, beteuert sie jedes Mal, dass sie gesundheitlich vollkommen in Ordnung sei. Stimmt das denn?“
„Sie jammert nie. Ich glaube, dass sie tatsächlich ziemlich fit ist. Allerdings wollte sie mich nicht nach Salzburg begleiten. Salzburg im Festspieltrubel wäre ihr zu anstrengend, hat sie gemeint. Ich hätte mich wahnsinnig gefreut, mit ihr den „Jedermann“ und den „Don Giovanni“ zu sehen.“

„Und nun müssen Sie mit meiner Gesellschaft vorlieb nehmen“, sagte Pierre schmunzelnd.
„Nein, das wollte ich damit natürlich nicht sagen. Aber es wäre nett gewesen, wenn wir diese Aufführungen zu dritt hätten besuchen können.“
Pierre tätschelte ihren Arm. „Das war ein Scherz. Außerdem wird uns mein Neffe Raymond begleiten. Lassen Sie uns zur Begrüßung etwas Anständiges trinken.“ Eingehend begutachtete er die Etiketten der Weinflaschen in den Holzregalen. Hin und wieder gab er einen beifälligen Kommentar auf Französisch ab. „Heiner Kölbl kauft seine Produkte nicht bei Großhändlern, sondern direkt von den Erzeugern. Er ist ein echter Kenner! Man kann seinen Empfehlungen absolut vertrauen“, sagte er schließlich.
„Ihren anscheinend auch.“
Lisa behagte die lockere Atmosphäre in diesem Feinkostladen. Nach zwei Gläschen von dem ausgezeichneten Sauvignon blanc „Jungfernlese“ war sie nahe daran, ihre Vorurteile gegenüber Salzburg und den Salzburgern zu revidieren. Sie hatte die Einheimischen immer für versnobte Provinzler gehalten und das Festspielpublikum, das sie bisher nur aus Zeitschriften und aus dem Fernsehen kannte, hatte für sie hauptsächlich aus spießigen Neureichen bestanden. Aber vielleicht war dies ja ein ganz spezieller Ort? Fast erinnerte sie dieses Lokal an die vielen kleinen gemütlichen Bars in Venedig. Zwar vernahm sie in dem Stimmengewirr dauernd irgendwelche Titel: Herr Professor, Herr Burgschauspieler, Herr Intendant..., und erkannte auch prominente Künstler unter den Gästen, aber als Maria leise zu ihr sagte: „Wir sind eben in der Theatergasse“, musste sie lachen.
Pierre bestellte eine neue Runde und sagte ebenfalls lachend: „Das Leben in Salzburg ist eben ein einziges großes Theater!“
Er schien zu den Stammgästen zu gehören, denn ihre Unterhaltung wurde öfters durch neue Gäste, die ihn freudig begrüßten, unterbrochen.

Als sie gegen 13 Uhr 30 das Lokal verließen, sagte Heiner Kölbl: „Wir gehen nachher Wallfahrten nach Maria Bräustüberl – kommt ihr mit?“ Er zwinkerte Lisa scherzhaft zu.
Sie blickte Pierre fragend an.
„Die Kölbls setzen sich im Sommer nach Geschäftsschluss gern in den schattigen Kastaniengarten vom Augustinerbräu“, erklärte er ihr. „Mehr als eine Halbe schaffe ich aber nicht mehr. Vielleicht hätte ich nicht so viele Kölblsemmerl essen sollen?“ Demonstrativ strich er über seinen kaum vorhandenen Bauch.
Pierre war schlank und mittelgroß, elegant, aber leger gekleidet, ein gepflegter, sehr intellektuell wirkender Mann.
„Lassen Sie uns vorher einen kleinen Verdauungsspaziergang machen“, schlug er vor.

TORTELLINI
hausgemacht
gefüllte
Kastanie
1St.
FENCHEL

LB
21
21

„Bieranstich ist pünktlich um 15 Uhr", rief Heiner Kölbl ihnen nach.
Während sie an der Salzach entlang schlenderten und hin und wieder bei einer der Salzach-Galerien länger verweilten, um sich die kunsthandwerklichen Produkte näher anzusehen, erkundigte Pierre sich nach ihren beruflichen Ambitionen.
„Ab September werde ich für eine Gourmet-Zeitschrift, die monatlich erscheint, als Redakteurin arbeiten. Endlich eine fixe Anstellung! Bisher habe ich als freie Journalistin für diverse Zeitungen geschrieben. Außerdem habe ich natürlich nicht viel verdient. Seit meiner Venedigreise weiß ich endlich, was ich will", sagte Lisa stolz.
„Das wird Anna Barnabo freuen", sagte Pierre. „Sie hat sich Sorgen um Ihre Zukunft gemacht. Meinte, Sie würden Ihre Talente bei diesen Boulevardzeitungen vergeuden."

Sie landeten schließlich im Café Wernbacher. Dieses gemütliche alte Kaffeehaus erinnerte Lisa an ihr Lieblingscafé in Wien. Die Einrichtung stammte aus den 50er Jahren. Die Zeit schien dort still zu stehen. Obwohl das Café gut besucht war, blieb die urbane Hektik ausgesperrt.
„Hier hätten wir auch essen können. Klassisches Kaffeehausessen: Reisfleisch, Krautfleckerl oder Würstl mit Saft", sagte Pierre.
„An sich mag ich deftige Hausmannskost, jetzt bring ich aber beim besten Willen nichts mehr hinunter", beteuerte Lisa.
Pierre wollte mehr über Anna Barnabo erfahren.
Lisa erzählte ihm von ihrer Venedigreise und von ihrem Vater, der sich nach wie vor in der Küche eines Restaurants auf der Giudecca versteckt hielt. Und sie erzählte ihm von ihrem Plan, ihren Vater demnächst nach Wien zu holen. „Er ist kein Mörder. Er bräuchte nur zur Polizei zu gehen und zu erklären, wie es damals zu diesem schrecklichen Unfall gekommen ist. Männer sind eben Feiglinge", sagte sie verächtlich.
„Oh pardon, ich meine natürlich nicht Sie", fügte sie rasch und etwas verlegen hinzu.
Pierre amüsierte sich sichtlich.
„Übrigens habe ich seinen Namen angenommen. Auch ich heiße jetzt Mozzato. Nach langem Kampf mit den österreichischen und italienischen Behörden habe ich es letzten Monat endlich geschafft. Die Italiener waren fast noch bürokratischer als die Österreicher."
„Félicitations! Dieser Name passt viel besser zu Ihnen. Sie sehen aus wie eine Italienerin", sagte Pierre.
Sie empfand seine Bemerkung als Kompliment.
„Raymond wird sich freuen, Sie kennen zu lernen. Mein Neffe ist Opernsänger. Hat am Mozarteum Gesang studiert und hat schon ein paar recht interessante Engagements an kleineren Bühnen gehabt. Heuer wurde er als dritte Besetzung für den „Don Giovanni" engagiert. Der absolute Höhepunkt seiner bisherigen Karriere."
Sie hätten sich beinahe verplaudert. Das 15-Uhr-Läuten der Glocken der Dreifaltigkeitskirche am Makartplatz erinnerte sie daran, dass sie ja zum Bieranstich mit den Kölbls verabredet waren.
„Lassen Sie uns schnell einen Blick ins Kircheninnere werfen", schlug Pierre vor. „Nicht wegen des eindrucksvollen Rottmayr-Freskos, sondern wegen des Herzens vom Erzbischof Thun."
„Wie bitte?"
„In den vergangenen Jahrhunderten haben sie die hochherrschaftlichen Herrn gern ausgeweidet. Die Organe und Körperteile

dieses Erzbischofs zum Beispiel wurden in vier verschiedenen Kirchen Salzburgs begraben. Wahrscheinlich hofften sie, dass wenigstens ein Organ des Bischofs die ewige Seeligkeit erreichen würde."
Lisa, die längst begriffen hatte, dass Pierre Agnostiker war, fragte: „Und wo haben sie seinen Schädel bestattet?"
„In der Universitätskirche."
Über den Müllner Steg gelangten sie dann in ein paar Minuten zum Augustinerbräu Kloster Mülln.
„Unser Abt Nicolaus Wagner hat diese uralte Brauerei und das Bräustübl originalgetreu wieder herrichten lassen", erklärte Heiner Kölbl, als er mit ihnen eine kleine Führung durch das Augustinerbräu machte. „58 Stufen führen hinunter ins Bierparadies", fuhr er fort. „Sie legen hier wirklich großen Wert auf gute, alte Brautradition. Zum Beispiel wird das Bier noch aus Holzfässern ausgeschenkt. Außerdem sind die Preise recht moderat. `Von den Professoren des Mozarteums bis zu den Handlungsgehilfen der Getreidegasse hockte dort alles Backe an Backe beieinander´, so hat einst Carl Zuckmayer die gemütliche Atmosphäre in den urig eingerichteten Sälen beschrieben."
Lisa war begeistert vom Standlgang. Hier bekam man neben Radi, Salzstangerln und Hendln auch Quargelbutter, Zigaretten und sogar Zeitungen und Zeitschriften.
„Jeder Gast ist sein eigener Kellner", sagte Herr Kölbl.
Lisa und Pierre taten es ihm nach, nahmen sich 2 Steinkrüge und holten sich ebenfalls das Bier an der Schank. Dann setzten sie sich zu den Damen Kölbl an einen der grünen Tische im Gastgarten.
„Die Mitnahme von Speisen ist erlaubt", stand auf einem Schild. Lisa wunderte sich daher nicht, als Maria einige Köstlichkeiten aus ihrem Laden aus dem Picknickkorb nahm und auf dem Tisch ausbreitete.
Nachdem sie ihr Bier ausgetrunken hatten, verabschiedeten sich Lisa und Pierre von der netten Runde unterm Kastanienbaum. Pierre wollte sich ein halbes Stündchen hinlegen, um am Abend wieder fit zu sein. „Bier macht mich immer müde", sagte er. „Ich hole Sie um 19 Uhr 30 von Ihrem Hotel ab. Wir fahren in den „Itzlinger Hof". Dort werde ich Ihnen noch einen waschechten Salzburger vorstellen. Ich habe außer meinem Neffen auch meinen langjährigen Freund Gregor von Paschinger eingeladen."
Sie umarmte Pierre und machte sich auf den Weg zu ihrem Hotel.
Obwohl es ein Umweg war, schlenderte sie durch die Getreidegasse. Als sie sich dem Residenzplatz näherte, ertönte das berühmte Salzburger Glockenspiel. Es klang dermaßen falsch, dass sie sich die Ohren zuhielt.
Sie warf auch einen kurzen Blick in den prachtvollen Dom, zündete an einem der Seitenaltäre eine Kerze für ihre erst kürzlich verstorbene Mutter an.
Lisa wusste, dass Wolfgang Amadeus Mozart zwei Jahre lang Domorganist gewesen war und dass er in dem romanischen Taufbecken getauft worden war. Deshalb streichelte sie auch den sehr lieb und völlig harmlos aussehenden Löwen am Fuße des Taufbeckens. Angeblich brachte das Glück.
Die Bühne vor dem Dom war bereits errichtet worden. Die leeren Stühle verliehen dem Platz etwas Gespenstisches. Was für eine perfekte Kulisse für den „Jedermann"! Lisa kam sich allerdings ein wenig verloren vor. Rasch ging sie wieder hinüber zum Residenzplatz. Im Dom war es angenehm kühl gewesen. Umso drückender empfand sie die Hitze auf dem asphaltierten Platz. Ein altes Fiakerpferd war mit heraushängender Zunge vor dem prunkvollen Portal des ehemaligen Repräsentationsgebäudes der Salzburger Fürsterzbischöfe eingeschlafen. Vor der Residenz standen nicht nur jede Menge Fiaker, die auf Kundschaft warteten,

Augustiner
Bier

sondern es bildete sich auch gerade eine Menschentraube. Die letzte Führung durch die fünfzehn Prunkräume begann in ein paar Minuten.
Sie nahm sich vor, den berühmten Carabinierisaal und die Residenzgalerie ein anderes Mal zu besichtigen, trank lieber noch rasch einen kleinen Espresso in einem schick eingerichteten Café namens „Spoon", gleich neben dem „Rupertinum". Unter all den jungen Leuten, die genauso perfekt gestylt waren wie das Interieur, kam sich Lisa in ihren alten Jeans und dem Shirt mit der Aufschrift „power to the people" reichlich deplaziert vor. Salzburg zur Festspielzeit lockte eben doch die Reichen und Schönen an. Sie hoffte, für den Restaurantbesuch heute Abend die passende Kleidung mitgenommen zu haben. Ihren neuen, seidenen schwarzen Hosenanzug wollte sie sich für die „Don Giovanni"-Premiere und die „Jedermann"-Aufführung aufheben. Das Risiko, ihn mit Essen zu bekleckern, war ihr schlicht und einfach zu groß.
Nachdem sie ausgiebig geduscht hatte, zog sie doch die neue schwarze Hose an. Wählte dazu aber eine taubengraue Tunika, die auch als Minikleid durchging. Sie steckte ihre langen schwarzen Haare hoch, legte Silberschmuck um Hals und Handgelenke und schlüpfte in die Riemchensandaletten mit den hohen Absätzen. Ein Blick in den Spiegel. Sie fühlte sich gewappnet für Salzburg bei Nacht.
Pierre wartete bereits im Foyer auf sie.
„Très élégante!", sagte er.
Lisa errötete.
Vor dem Hotel stand ein großer dunkler Wagen. Am Steuer saß ein gut aussehender junger Mann. Er sprang aus dem Auto, schüttelte Lisa herzlich die Hand.
„Das ist Raymond", sagte Pierre und überließ Lisa den Beifahrersitz, kletterte, trotz ihrer Proteste, auf den Rücksitz.

Die Besitzer des „Itzlinger Hofs“, der österreichische Regisseur Reinhard Schwabenitzky und seine Frau Elfie Eschke, empfingen Pierre wie einen alten Freund. An einem Tisch in der Gaststube, die in freundlichen Gelb- und Orangetönen gehalten war, wartete bereits Pierres Freund Gregor von Paschinger.
Nach der ungezwungenen Vorstellung und einem erfrischenden „Aperol-Spritz“ drehte sich das Gespräch nur mehr ums Essen. Pierre lobte das hohe Niveau der Küche: „Man schmeckt, dass hier alles frisch zubereitet wird“, sagte er, als er die Spaghettini mit Butter, Sommertrüffeln und Wildspargel probierte.
Elfie Eschke war nicht nur eine bekannte Schauspielerin, sondern auch eine ambitionierte Köchin. Sie vertraute Lisa an, dass sie fast täglich für ihre Familie kochen würde und verriet ihr sogar, wie sie aus ein und denselben Zutaten zwanzig verschiedene Variationen eines Gerichts zaubern konnte.
Das Abendessen verlief recht vergnüglich. Lisa fühlte sich als einzige Frau in der kleinen Männerrunde im „Itzlinger Hof“ sehr wohl. Gregor von Paschinger erwies sich als ein Gentleman der alten Schule, machte ihr Komplimente und unterhielt sie mit Anekdoten über die Salzburger Prominenz. Auch Pierres Neffe gefiel ihr ausnehmend gut. Er war Mitte Dreißig und hatte einen tollen Körper, war offensichtlich bestens durchtrainiert. Sie war überrascht, dass er keinen französischen Akzent hatte.
„Ich dachte, Sie wären Franzose...“, sagte Lisa zu ihm.
„Meine Mutter ist Französin, mein Vater Österreicher. Ich bin in Salzburg aufgewachsen.“
Auch er schien ein Feinschmecker zu sein, jedenfalls betonte er seinem Onkel gegenüber den unaufdringlichen Geschmack des butterzarten Zanderfilets auf cremigem Brunnenkresserisotto und leichtem Safranschaum.
„Diese Franzosen...“, sagte Gregor von Paschinger lächelnd zu Lisa.

Nach dem Dessert entschuldigte sich Raymond: „Ich bedaure sehr, aber ich muss gehen. Ich habe noch einen Termin im „Triangel"."
Pierre forderte ihn auf, Lisa mitzunehmen. „Du kannst meinen Wagen haben. Gregor bringt mich zurück in mein Hotel. Fahren Sie ruhig mit ihm. Das „Triangel" ist d a s Szenelokal. Es wird Ihnen gefallen", sagte er zu Lisa.
Sie fand es peinlich, dass Pierre seinem Neffen ihre Gesellschaft aufdrängte. Die Rückfahrt ins Zentrum verbrachten Raymond und Lisa schweigend. Sie schenkte ihm verstohlene Blicke. Er beachtete sie nicht, schien sich auf den starken Verkehr konzentrieren zu müssen.
An den Holztischen und Biergartenbänken in der Wiener Philharmonikergasse war kein einziger Platz frei. Lisa gefiel es drinnen ohnehin besser. Die Wände rund um die Theke waren in warmen Rottönen gestrichen und mit signierten Künstlerfotos dekoriert. Die Widmung von Anna Netrebko und Rolando Villazón an den Wirt Franz Gensbichler war besonders herzlich, stellte sie fest.
„Wer soll das sein?" Lisa deute auf eine Büste in einer kleinen Nische.
„Ein Geschenk der Maskenbildner des Festspielhauses. Sie haben Franz als Caesar mit Sonnenbrille dargestellt. Unter der Büste haben sie ein Schild mit der Aufschrift: „Haus für Kasperltheater" angebracht", sagte Raymond als er sie an den großen Tisch bei der Nische führte.
Die Einrichtung des „Triangel" erinnerte Lisa an ein französisches Bistro. Die Gäste saßen an den blanken Holztischen nah beieinander und kamen sich dadurch auch rasch näher. Sie setzten sich zu einer Runde jüngerer Leute auf eine Bank. Raymonds kräftige Oberschenkel berührten ihre schlanken Beine. Er legte seinen Arm um ihre Schultern und sah ihr in die Augen, während er ihr weiter von dem Besitzer erzählte: „Franz legt großen Wert darauf, dass in seinem Lokal Fair-Trade-Lebensmittel verwendet werden. Mittags bietet er für die Studenten der umliegenden Universitätsinstitute preiswertes Essen an. Er hat dieses Studentenbeisl vor nunmehr fünf Jahren übernommen. Die ausgezeichnete Lage hat das Lokal zum beliebtesten Treffpunkt in der Festspielzeit gemacht. Von hier aus hat man den besten Blick auf die Festspielbesucher. Franz ist es außerdem gelungen, die Paparazzi von seinem Lokal fernzuhalten, indem er ein Presseverbot erlassen hat. Seine prominenten Gäste können sich hier abends also ungestört amüsieren. Und dafür sind sie ihm dankbar."

„Willst du uns deiner charmanten Begleiterin nicht vorstellen", unterbrach einer der Männer am Tisch Raymonds Wortschwall.
„Verzeih", murmelte er und nannte ihr rasch die Namen seiner Freunde.
Lisa unterhielt sich angeregt mit Oscar, der links neben ihr saß und später auch mit den anderen jungen Männern, die, wie sich bald herausstellte, alle mit Raymond am Mozarteum studiert hatten. Ihr gegenüber saßen zwei Mitglieder der Wiener Philharmoniker, eine Geige und eine Violine. Beide sehr witzige Typen. Der blond gelockte Mann neben ihnen, der aussah wie ein Engel, blickte allerdings ziemlich mürrisch drein. Er hatte Lisa als einziger nicht begrüßt, obwohl Raymond ihn ihr vorgestellt hatte. Sie hatte sich seinen Namen aber sehr wohl gemerkt. Er hieß Wolfgang und war anscheinend ein sehr gefragter Schauspieler. Sie hielt ihn für arrogant und ignorierte ihn den restlichen Abend lang.
Ein Bühnenbildner namens Toni, ein fescher großer Kerl aus dem Pinzgau, verwickelte sie in ein Gespräch über Venedig und Bella Italia. Neben ihm saß eine extravagant gekleidete Frau, eine bekannte Salzburger Malerin namens Mischa Reska. Lisa hätte sich auch mit ihr gern unterhalten, doch sie saß zu weit weg und der Lärmpegel im „Triangel" war nicht ohne.

Als sich ein attraktiver, dunkelhaariger Mann zu ihnen gesellte, sagte Raymond: „Darf ich dir den schönsten Mann von Salzburg vorstellen? Alexander Döbrich."
„Und das weiß er auch", flüsterte Oscar ihr ins Ohr. „Er ist der größte Womanizer der Stadt. Casanova und Don Giovanni sind die reinsten Lercharl verglichen mit ihm."
Alexander ignorierte Raymonds Protest, als er sich zwischen ihn und Lisa auf die Bank zwängte.
„Musst du nicht arbeiten?", fragte Raymond ihn.
„Ja, der Franz ist ein Sklaventreiber", Alexander stöhnte übertrieben.
„Das ist nicht wahr. Franz ist der beste Chef, den man sich wünschen kann. Ich arbeite schon viel länger für ihn als du", nahm Oscar den Pächter des Lokals in Schutz.
„Dann kannst du ja jetzt für mich einspringen, während ich mich mit dieser italienischen Prinzessin unterhalte."
„Du weißt genau, dass ich heute meinen freien Tag hab."
Lisa bemerkte, dass Oscar vor Zorn ganz rote Ohren bekommen hatte. Sie tätschelte beruhigend seinen Arm und sagte: „Reg dich nicht auf. Merkst du denn nicht, dass er dich nur provozieren will?"
„Die faule Sau soll lieber was arbeiten", murmelte Oscar.
Alexander hob drohend den Arm und fauchte ihn an: „Verzieh dich, du Psycherl! – Er ist ein Psychopath, ein gefährlicher Irrer. Ist erst vor drei Wochen aus der Psychiatrie entlassen worden", sagte er zu Lisa.
Sie wunderte sich, dass keiner am Tisch Partei für Oscar ergriff, der bei Alexanders Worten auch im Gesicht hochrot geworden und verstummt war.
Ein kleiner Tumult entstand, als eine große blonde Frau das Lokal betrat.
„Brigitta, wir sitzen hier", rief Oscar.
Alexander sprang auf und verzog sich hinter die Theke, als Brigitta auf ihren Tisch zukam. Lisa registrierte, dass sich die beiden nicht ansahen, obwohl sie sich bestimmt kannten. Denn in Salzburg kannte anscheinend jeder jeden.
Brigitta begrüßte alle Männer am Tisch mit zahlreichen Küssen und Umarmungen. Für Lisas Geschmack begrüßte sie vor allem Raymond viel zu herzlich.
Diese aufgedonnerte, etwas ordinär wirkende Blondine war ihr vom ersten Augenblick an unsympathisch. Sie trug ein knallrotes Abendkleid mit extrem tiefem Ausschnitt. Die schweren Brüste hingen ihr fast bis zum Bauch, der sich in dem engen Taftkleid zu zwei dicken Wülsten wölbte. Ihr dicker Hintern kam in dem tulpenförmigen Kleid sehr unvorteilhaft zur Geltung. Außerdem war sie sehr theatralisch geschminkt: Smooky eyes, karmesinfarbener Lippenstift und viel zuviel Rouge auf den Wangen.
Raymond stellte ihr Brigitta als uralte Freundin vor. Das Wörtchen „uralt" brachte ihm einen neckischen Klaps der Blonden und ein dankbares Lächeln von Lisa ein.

Nachdem Brigitta Lisa eine Weile unverschämt gemustert hatte, beschloss sie anscheinend, Lisa nicht als Konkurrenz zu betrachten und ließ sich sogar dazu herab, ein paar Worte mit ihr zu wechseln.
„Brigitta hat am Mozarteum Schauspiel studiert. Die Gute ist etwas exaltiert", sagte Raymond leise, als Lisa bei Brigittas hysterischem Gelächter zusammenzuckte.

„Hat sie ein Engagement bei den Festspielen?“, fragte Lisa.
„Nein, natürlich nicht. Die meisten meiner Freunde hier an diesem Tisch schlagen sich mit den verschiedensten Jobs so recht und schlecht durchs Leben. Oscar spielt Kellner und Requisiteur. Alex verdient sich seinen Lebensunterhalt ebenfalls im Service oder als Statist und Jedermann-Rufer. Und Brigitta findet halt immer wieder irgendeinen Finanzier. Seit kurzem versucht sie sich als Kabarettistin. Sie ist gar nicht mal schlecht. Unfreiwillig komisch, wenn du verstehst, was ich meine...“
„Ich sollte so spät nichts mehr essen, aber ich sterbe vor Hunger. Dabei bin ich ohnehin viel zu fett“, sagte Brigitta und blickte die Männer in der Runde fragend an.

Als ihr keiner widersprach, brach sie wieder in schrilles Gelächter aus und stand auf. „Werde mal sehen, ob Rupert mir Räucherlachs mit Erdäpfelkas macht.“
„Rupert ist der Koch, ein Spitzenkoch“, flüsterte Raymond Lisa ins Ohr. „Vielleicht möchtest du auch noch etwas essen? Im Gegensatz zu Brigitta könntest du ruhig ein paar Kilos zulegen“, fügte er lächelnd hinzu.
Lisa lehnte dankend ab.
„Ein Bariton braucht mindestens 3000 Kalorien am Tag. Seht euch nur diesen Fettkloß Luciano an, der morgen den Don Giovanni singen wird. Hätte ich zwanzig Kilo mehr, hätte ich die Rolle bekommen“, spottete Raymond, der nicht mehr ganz nüchtern war und bestellte den Dessertteller „Chéri Bibis“. „Ihr dürft alle mitnaschen“, verkündete er großzügig.
Lisa verschmähte die verführerischen Süßigkeiten, probierte allerdings den würzigen Kapuzinerkäse, den sich die beiden Philharmoniker als Nachtisch bestellt hatten. „Hattest du wirklich Chancen, die Partie des Don Giovanni zu singen?“, fragte sie Raymond mit vollem Mund.

„Ich war im Gespräch. Sie fanden mich jedoch zu jung, bezeichneten mich als Leichtgewicht. Ich bin die dritte Besetzung. Das heißt, beide Baritone müssten ausfallen, damit ich eine Chance bekäme und dies ist wohl mehr als unwahrscheinlich.“ Seine Worte klangen bitter.
Lisa sah ihn mitleidig an.
„Alfonso Luciano ist ein aufgeblasener italienischer Schmachtfetzen – du wirst ihn ja morgen hören.“ Raymond schenkte sich Rotwein nach.
Brigitta kehrte nicht mehr zurück. Lisa beobachtete aus den Augenwinkeln, wie sie sich an der Theke von einem älteren, leicht angetrunkenen Herrn, der ziemlich betucht aussah, begrapschen ließ.
Seit Brigitta den Tisch verlassen hatte, war kein Wort mehr über Oscars Lippen gekommen. Er hatte schweigend in sein Bierglas gestarrt. Nun verließ er mit hängenden Schultern und ohne sich zu verabschieden das Lokal.
„Da geht er hin der arme Tor“, sagte Wolfgang, der bisher kaum etwas zur Unterhaltung beigetragen hatte. „Er ist wirklich ein armer Kerl. Ist total verknallt in Brigitta. Und ihr macht es Spaß, ihn sich als Schoßhündchen zu halten. Weiber!“, sagte er verächtlich.
„Wolfgang mag keine Frauen“, sagte Toni augenzwinkernd zu Lisa.
Kurze Zeit später kam Alexander mit einem Glas Wein in der Hand zurück. Er nahm seine braune Lederschürze ab und verkünde-

te: „Pause, vom Chef höchstpersönlich genehmigt. Prost allerseits!“
Den Rest des Abends führte er das große Wort. Er erzählte ihnen den neuesten Festspiel-Klatsch und sprach sehr abfällig über Brigitta: „Man munkelt, dass sie unserem geliebten Don Giovanni kurz vor der Premiere lästig gefallen ist und er ihr auf eine nicht sehr charmante Art und Weise den Laufpass gegeben hat. Sie scheint jedoch schon Ersatz für Alfonso gefunden zu haben. Kennt jemand von euch den

Typen, mit dem sie da hinten herummacht? Die Alte hat wirklich jeden Schwanz in der Szene gehabt. Auch meiner hatte mal die Ehre. Es gibt wahrscheinlich kein Bett eines prominenten Sängers, Schauspielers oder Regisseurs, das sie nicht mit ihrer Anwesenheit beehrt hat, ausgenommen natürlich die Betten der Verzauberten.
Auch davon haben wir jede Menge..., Prost Raymond“, sagte er.

Lisa stieß sich an Alexanders Gerede. Er war ihr vom ersten Augenblick an ebenso unsympathisch gewesen wie Brigitta.
Raymond wirkte ebenfalls peinlich berührt.
Sie brachen bald auf. Raymond begleitete Lisa zu Fuß in ihr Hotel, traf aber keine Anstalten, mit auf ihr Zimmer zu kommen, umarmte und küsste sie zum Abschied nur zärtlich.

Feinkost Kölbl

Spargeltascherl mit Kerbelsauce

Zutaten:
16 – 20 Stangen weißer Spargel
Zucker
Blätterteig
8 Scheiben gekochter Schinken
4 Scheiben Goudakäse
1 Becher Mascarpone
Salz & Pfeffer
Schnittlauch
Eigelb
geriebener Parmesan
Sauerrahm
frischer Kerbel

Zubereitung:
Die Spargelstangen (pro Port. 4 - 5 Stück, halbiert, für zwei Tascherl pro Person) in gesalzenem Wasser mit einer Prise Zucker nicht zu weich kochen und auskühlen lassen.
Den Blätterteig in handgroße Quadrate schneiden, darauf zwei Scheiben gekochten Schinken und eine Scheibe Goudakäse legen. Nun jeweils 4 halbe Spargelstangen pro Quadrat schräg darauf legen.
Die Mascarpone cremig rühren, mit Salz, Pfeffer und Schnittlauch vermischen und jeweils einen Teelöffel davon auf den Spargel setzen.
Den Blätterteig von zwei Seiten über dem Spargel zusammenlegen, mit Eigelb bestreichen und etwas Parmesan auf die fertigen Tascherl streuen.
Bei 200°C 15 bis 20 Minuten backen, bis sie schön braun sind.
Den Sauerrahm gut verrühren und mit frischem Kerbel, Salz und Pfeffer zu den Tascherl servieren.

Roastbeef mit Sauce Tartare

Zutaten für Roastbeef:
1 kg Roastbeef
Salz & Pfeffer
Öl
Estragonsenf

Zubereitung:
Das Roastbeef salzen, pfeffern und in einer Pfanne in wenig Öl scharf anbraten, danach mit Estragonsenf bestreichen und im vorgeheizten Rohr auf dem Rostblech bei 200°C ca. 20 Minuten (pro kg Fleisch) braten. Während des Auskühlens einmal umdrehen, damit sich der Fleischsaft gut verteilen kann.

Zutaten für Sauce Tartare:
Mayonnaise
Sauerrahm
Gurkerl
Pfefferoni
Kapern
Petersilie
hart gekochtes Ei
Salz & Pfeffer
Worcestersauce

Zubereitung:
Je eine Hälfte Mayonnaise und Sauerrahm gut miteinander verrühren.

Gurkerl, Pfefferoni, Kapern, Petersilie und ein gekochtes Ei fein hacken, untermischen und mit Salz, Pfeffer und etwas Worcestersauce abschmecken.

Krautfleckerl

Zutaten:
300 g Fleckerln
1 Häuptel Frühkraut
Öl, 1 Zwiebel
Salz & Pfeffer
100 ml Rindsuppe
1 TL Kümmel
1 Knoblauchzehe
frischer Schnittlauch

Zubereitung:
Das Weißkraut würfelig schneiden; die würfelig geschnittenen Zwiebel in Öl goldbraun rösten und das Kraut dazugeben, kurz mitrösten, danach mit etwas Rindsuppe aufgießen. Mit Salz, Pfeffer, Kümmel und fein geschnittenem Knoblauch würzen und solange weiterdünsten bis das Kraut bissfest ist. Anschließend die al dente gekochten Fleckerl dazugeben. Zum Servieren mit fein geschnittenem Schnittlauch bestreuen und als Beilage einen grünen Salat reichen.

Würstel im Gulaschsaft

Zutaten:
4 Paar Debreziner
Gulaschsaft
4 Handsemmerl

Zubereitung:
Die Debreziner kochen und in den heißen Gulasch-Saft legen, gemeinsam mit einer Handsemmel servieren.

TIPP!
Würstel im Gulaschsaft
Dies ist ein spezielles Wiener Kaffeehaus-Gericht, welches Bernhard Huemer in Salzburg im Café Wernbacher wieder zum Leben erweckt hat. Es bietet sich gerade dann zuhause an, wenn noch etwas Gulaschsaft übriggeblieben ist und es wieder einmal schnell gehen muss!

Geng kae gai - Gemüsecurry mit Huhn

Zutaten:
100 g Hühnerkeulenfilets ohne Haut
500 ml Brühe
ca. 500 g von folgendem Gemüse:
in Scheiben geschnittene Pilze
zerkleinerte „Betel"-Blätter
Thai-Basilikumblätter
grob zerkleinerter langblättriger Koriander
Bambussprossen oder Bananenstiele (in Scheiben)
Erbsen-, Thai- oder lange Auberginen
Wildpilze
Schlangenbohnen
Cha-om

Zutaten für Paste:
7 - 10 getrocknete lange rote Chilis (entkernt, eingeweicht und abgetropft)
1 große Prise Salz
2 EL gehacktes Zitronengras
2 EL gehackte rote Schalotten
1 EL gehackter Knoblauch
1 EL fermentierter Fisch oder 1 TL Garnelenpaste

Zubereitung:
Aus den Zutaten der Paste die Paste zubereiten.
Danach das Hühnerfleisch in Scheiben schneiden, mit der Paste in einem schweren Topf vermischen und einen Moment schmoren - bis es duftet. Nun mit der Brühe aufgießen und zum Kochen bringen, das Gemüse hinzufügen und köcheln lassen bis das Gemüse gar ist. Abschmecken: Das Curry sollte salzig, etwas scharf und bitter schmecken.

TIPP!
Wildpilze, zB Eierschwammerl passen hervorragend zu diesem Gericht!

Gebratenes Perlhuhnbrüstchen mit Orangenspargel und Kräutersalat

Zutaten:
4 Perlhuhnbrüstchen
20 Stangen weißer Spargel
Saft von 10 Orangen
100 g Zucker
Olivenöl
Frühlingskräuter für Salat
Weißweinessig
200 g Butter
Salz & Pfeffer
4 cl Noilly Prat
1 Zitrone

Zubereitung Perlhuhnbrüstchen:
Die Perlhuhnbrüstchen mit Salz und Pfeffer würzen und in einer Pfanne auf der Hautseite scharf anbraten, danach wenden und für ca. 7 bis 8 Minuten im Rohr bei 160°C fertig garen.

Zubereitung Orangenbutter:
50 g Zucker in einer Pfanne karamellisieren, mit Noilly Prat ablöschen und mit dem Orangensaft aufgießen, bis zur Hälfte reduzieren und mit der kalten Butter aufmixen.

Zubereitung Spargel:
Den Spargel schälen und in einem kräftigen Fond aus Wasser, Salz, Zucker, dem Saft einer Zitrone und einem Stück Butter kochen, danach den Spargel dritteln, in der Orangenbutter durchschwenken und eventuell nachsalzen.

Zubereitung Kräutersalat:
Zum Abschluss den Kräutersalat mit Olivenöl, Salz, Pfeffer und Weißweinessig marinieren.

Zweierlei vom Maibock mit Semmelknödel und Schmortomaten

Zutaten (2 Personen):
1 Rehschulter
200 g Rehrücken
2 Karotten
1/2 Sellerieknolle
1/2 Stangensellerie
1 l Rotwein
Wildfond
5 Semmeln
125 ml Milch
50 g Mehl
75 g Butter
3 Eier
1 Zwiebel
Petersilie, Knoblauch, Wacholder, Pfeffer, Thymian, Rosmarin, Muskat
etwas Schokolade
1 Zitrone
10 Kirschtomaten

Zubereitung Ragout:
Die Rehschulter auslösen, in Würfel schneiden und in heißem Fett anbraten. Das Gemüse in Würfel schneiden und mit den Rehschulterwürfeln rösten. Mit Salz und Pfeffer würzen, mit Rotwein ablöschen und mit Wildfond aufgießen. Weichkochen, danach das Fleisch umstechen und die Sauce passieren. Rosmarin, Thymian, Wacholder, Zitrone und Preiselbeeren dazugeben und mit etwas Schokolade vollenden.

Zubereitung Schmortomaten:
Die Kirschtomaten halbieren und mit Salz, Zucker, Thymian, Rosmarin, Knoblauch und Olivenöl würzen, danach bei 100° C im Ofen eine Stunde schmoren.

Zubereitung Rehrücken:
Den Rehrücken mit Salz, Pfeffer und Wacholder würzen, von allen Seiten anbraten und bei ca. 90°C für 10 Minuten im Backrohr braten, danach kurz rasten lassen und halbieren.

Zubereitung Semmelknödel:
Die Semmeln kleinwürfelig schneiden. In einer Pfanne die Butter erhitzen und die kleingeschnittene Zwiebel darin angehen lassen, kleingeschnittene Petersilie am Schluss dazugeben und über die Semmel gießen. Danach in derselben Pfanne die Milch erhitzen und über die Semmeln gießen, etwas abkühlen lassen und die Eier langsam unterheben, mit Salz und Muskat würzen. Die Masse nun in Knödel formen und eventuell in Mehl wälzen. In Salzwasser leicht wallend und zugedeckt ca. 12 Minuten kochen.

Erdäpfelkas mit Räucherlachs

Zutaten:
8 Scheiben Räucherlachs
Blattsalate
Dressing nach Belieben
Senfsauce nach Belieben

Zutaten für Erdäpfelkas:
500 g mehlige Kartoffeln
125 g Butter
1 Zwiebel
ca. 125 ml Sauerrahm oder Schlagobers
Salz & Pfeffer

Zubereitung:
Die Kartoffeln kochen, sobald sie gar sind, schälen und noch heiß in eine Schüssel pressen, die Butter dazugeben und gut durchmischen. Eine Zwiebel ganz fein hacken und zu den Kartoffeln geben, den Sauerrahm oder Schlagobers unterheben und mit Salz und Pfeffer abschmecken.

Anrichten
Auf einem Teller ein Bouquet aus Blattsalaten machen und mit einem Dressing Ihrer Wahl marinieren, daneben den Räucherlachs legen und den Erdäpfelkas mit Hilfe eines Dressiersackes aufspritzen.

Leber „Berliner Art" mit gebratenen Apfelradl, Kartoffeln und Speck

Zutaten:
800 g Kalbsleber
250 ml Weißwein
ca. 2 Äpfel (in Scheiben geschnitten und entkernt)
12 Kartoffeln (gar gekocht)
12 Scheiben Speck

Zubereitung:
Die in Scheiben geschnittene Kalbsleber in einer Pfanne in Butter von beiden Seiten anbraten, danach aus der Pfanne nehmen, mit Salz und Pfeffer würzen und warm stellen.

Den Weißwein in die Pfanne zu den Bratenrückständen gießen und einreduzieren lassen. Zum Schluss mit etwas kalter Butter montieren.

In der Zwischenzeit in einer Grillpfanne die Apfelscheiben links und rechts anbraten, den Speck ebenfalls kross anbraten.

Zum Anrichten die Kalbsleber auf einen Teller legen und mit Bratensaft übergießen, die Kartoffeln dazugeben, auf die Kalbsleber ca. 2 Apfelscheiben und 3 Speckscheiben legen.

Itzlinger Hof

Hausgemachte Nudeln mit Butter und Sommertrüffel

Zutaten:
400 g Nudeln (hausgemacht oder Spaghettini)
30 g Butter
etwas Thymian
Salz & Pfeffer
Sommertrüffel
8 Stangen wilder Spargel
6 bis 8 Shitake-Pilze
16 Cocktail-Tomaten (am besten noch auf der Rispe)
250 l Gemüse-Fond

Zubereitung:
Die Nudeln in leicht gesalzenem Wasser al dente kochen.

In der Zwischenzeit in einer Pfanne die Shitake-Pilze in Öl anbraten und mit Salz und Pfeffer würzen, den Thymian sowie den Spargel im Ganzen dazugeben, mit Gemüse-Fond ablöschen und gut durchschwenken. Zum Schluss die Cocktailtomaten in die Pfanne geben.

In einer anderen Pfanne die Butter schmelzen und mit Salz und Pfeffer abschmecken, die al dente gekochten Nudeln darin schwenken.

Auf einem Teller zuerst die Nudeln anrichten, nun die Shitake-Pilze, den Spargel und die Cocktail-Tomaten um die Nudeln verteilen und etwas von dem „Bratensaft" darüber träufeln, den Sommertrüffel fein über die Nudeln hobeln und mit frischem Thymian dekorieren.

Zanderfilet auf Brunnenkresserisotto mit Safranschaum

Zutaten:
600 g Zanderfilet
320 g Risottoreis
1 Bund frische Brunnenkresse
ca. 1 Handvoll frisch geriebener Parmesan
1 g Safran
ca. 2 l Gemüsefond
1 Schuss Noilly Prat
2 Mini-Melanzani
2 Knoblauchzehen
Rosmarin, Salz & Pfeffer
Öl zum Braten, etwas Schlagobers
2 Stück Bärenkrebsschwänze oder Scampischwänze

Zubereitung:
Die Zanderfilets und die halbierten Bärenkrebsschwänze auf beiden Seiten salzen und pfeffern. In einer Pfanne das Öl erhitzen und die Zanderfilets auf der Hautseite scharf anbraten, die halbierten Bärenkrebsschwänze dazugeben und mitbraten. Nach einigen Minuten sowohl die Zanderfilets als auch die Bärenkrebsschwänze umdrehen und solange in der Pfanne ziehen lassen, bis die Filets gar sind. Aus der Pfanne nehmen, auf den in Scheiben geschnittenen Knoblauch und einige Zweige Thymian legen, mit Olivenöl beträufeln und warm stellen.

In einer anderen Pfanne Öl erhitzen und die in Scheiben geschnittenen Mini-Melanzani anbraten, mit Salz und Pfeffer würzen und etwas Rosmarin dazugeben, umdrehen und salzen und pfeffern.

In einem Topf etwas Butter zergehen lassen, den Risottoreis beifügen und nach ca. 2 Minuten nach und nach mit Gemüsefond aufgießen (immer nur soviel, dass der Reis gerade bedeckt ist). Sobald der Reis bissfest ist, die feingeschnittene Brunnenkresse dazugeben und mit dem Reis mischen. Kurz vor dem Anrichten den Parmesan unterheben.

In einem kleinen Topf ca. 1/4 l Gemüsefond mit dem Noilly Prat und dem Safran aufkochen, von der Platte nehmen und 1 Stunde ziehen lassen, danach nochmals aufkochen und mit etwas Schlagobers einreduzieren, kurz vor dem Anrichten mit dem Stabmixer aufschäumen.

Das Brunnenkresserisotto auf einer Seite des Tellers anrichten, darauf das Zanderfilet und den halben Bärenkrebsschwanz legen, daneben die Melanzani-Scheiben, und mit dem Safranschaum und einem Blatt Salbei dekorieren.

Central
Kaffeehaus • Bar

Kapitel 2

Am Sonntagmorgen traf sich Lisa mit Raymond zum Filmfrühstück im Café Central. Er wirkte unausgeschlafen und war wortkarg.
Zum Glück muss man im Kino nicht reden, dachte sie, als sie sich im einzigen Salzburger Programmkino „Kinder des Olymp“ in französischer Originalfassung ansahen.
Pierre holte sie nach dem Ende der Vorstellung zu einem gemeinsamen Spaziergang durch die Linzer Gasse ab.
Er deutete auf eine schmale Gasse zu ihrer Linken. „Tu sais, warum diese unscheinbare Gasse Königsgässchen heißt?“, fragte er seinen Neffen.
Raymond schüttelte den Kopf.
„Hier wohnten einst die „Könige der Nacht“, also die Leute, die nachts den Inhalt der Latrinen in die Salzach leerten.“
Lisa lachte.

Raymond zuckte nicht einmal mit einer Wimper. Seine Launenhaftigkeit irritierte sie.
„Sollte ich mir irgendwann mal eine Wohnung in Salzburg kaufen, würde ich mich zuerst in dieser Gegend hier umsehen“, bemerkte Pierre. „Die Linzer Gasse ist eine alte, gewachsene Gasse, die für mich zu den schönsten der Stadt zählt. Außerdem hätte ich es dann nicht weit bis zu meinem Friedhof.“
Raymond schüttelte unwirsch den Kopf. „Du weißt, ich mag es nicht, wenn du vom Sterben redest, außerdem wird am St. Sebastian-Friedhof schon lange keiner mehr begraben“, sagte er.
Lisa hatte inzwischen erfahren, dass Pierre Raymonds einziger Verwandter war. Raymonds Eltern waren vor vielen Jahren bei einem Autounfall ums Leben gekommen und Geschwister hatte er keine.
Pierre ließ es sich nicht nehmen, Lisa seinen Lieblingsfriedhof zu zeigen.
„Alle anderen Erzbischöfe wurden im Dom begraben. Aber Wolf Dietrich von Raitenau, dieser machiavellistisch orientierte Renaissancemensch, ließ sich hier auf diesem Friedhof ein eigenes Mausoleum errichten. Er war übrigens mit den Medicis verwandt.“
Der prächtige Spätrenaissancebau mit maurisch anmutenden Mosaiken an den Wänden thronte in der Mitte des St. Sebastian-Friedhofs.

„Der Fürsterzbischof hat genaue Anweisungen für seine Bestattung gegeben. Zum Beispiel hat er untersagt, ihn auszuweiden. Wahrscheinlich wollte er im Jenseits als ganzer Mann mit seiner geliebten Frau Salome von Alt wieder vereint sein. Von der Kuppel seines Mausoleums schaut ein Engel mit dem Antlitz von ihr genau auf sein Grab herab.“
Lisa und Raymond warfen sich belustigte Blicke zu.
Pierre führte sie auch zum Grabmal von Paracelsus. „Mein Kollege war seiner Zeit weit voraus. Er hat in seinen medizinischen

Garten

Werken nicht nur die praktische Heilkunde mit alchimistisch-astrologischen Lehren verbunden, sondern auch wichtige theologische und philosophische Werke verfasst. Und das im frühen 16. Jahrhundert. Seine Abkehr von der Schulmedizin brachte ihm heftige Proteste ein. Seine beiden Schriften über Syphilis wurden sogar verboten. Außerdem hatte er für sozial Schwache viel Verständnis, hat sein Vermögen den Armen vermacht – man könnte sagen, er war ein früher Sozialrevolutionär!"
Pierre fischte eine kleine rote Grabkerze aus seiner Jackentasche und zündete sie für seinen unorthodoxen Kollegen an.
Bevor sie den idyllischen Friedhof mit seinen uralten Gräbern verließen, besuchten sie auch noch die Grabstätte der Familie Mozart.

„Als dieses Grab im Mozartjahr, glaube ich, als die ganze Welt Mozarts genialen Schädel suchte, geöffnet wurde, stellte sich heraus, dass hier viel mehr Menschen begraben worden waren, als auf den Grabsteinen verzeichnet sind. Die Frage ist, wer liegt hier wirklich drinnen?", sagte Pierre lächelnd. „ Mozarts Witwe Constanze ließ jedenfalls an der Seite ihres Schwiegervaters ihren zweiten Mann Georg Nikolaus von Nissen beerdigen. Eine nette kleine Rache an Leopold, der sie als Ehefrau seines Sohnes nie akzeptiert hatte. Wolfgang Amadeus Schwester Nannerl war so empört darüber, dass sie testamentarisch den St. Peter Friedhof als ihre Grabstätte bestimmte."
„Den will ich mir auch ansehen", warf Lisa ein, die Pierres Interesse für Friedhöfe durchaus teilte.
Raymond war ihnen immer ein paar Schritte voraus. Er beteiligte sich nicht an ihrer Unterhaltung. Erst beim gemeinsamen Mittagessen auf der Terrasse des Restaurants Stadtkrug taute er etwas auf. Allerdings bestellte er nur eine Leberknödelsuppe.
„Wollen wir hoffen, dass Alfonso unpässlich ist und der nervöse Boris unter Heiserkeit leidet", sagte Pierre grinsend.
„Du wirst lachen, Boris hat sich tatsächlich eine lästige Angina zugezogen", sagte Raymond. „Auf jeden Fall will ich mir jetzt nicht den Bauch voll schlagen."

Lisa und Pierre langten dagegen kräftig beim Tafelspitz zu. Als Nachtisch bestellte Pierre für alle drei gemeinsam eine Portion „Salzburger Nockerl".
Das Restaurant Stadtkrug hatte einen der schönsten Gastgärten Salzburgs. Die Tische waren auf mehrere Terrassen verteilt. Lisa genoss den traumhaften Blick auf den Untersberg und beobachtete die schwitzenden Touristen, die sich den steilen Stefan-Zweig Weg hinauf schleppten.
„Sie haben heuer Glück mit dem Wetter", sagte die Kellnerin, als sie die „Salzburger Nockerl" brachte. Offensichtlich hatte sie Pierre wiedererkannt.
„Stimmt. Sie haben ja den berüchtigten Salzburger Schnürlregen noch nicht erlebt", sagte er lächelnd zu Lisa.
Nach dem Essen spazierten sie über die Staatsbrücke hinüber in die Altstadt. In der Getreidegasse blieb Pierre plötzlich stehen und zeigte Lisa die blau-gelbe Kugel am Alten Rathaus. „Diese Kugel zeigt die Mondphasen an. Wenn sie total gelb ist wie heute, bedeutet dies, dass wir Vollmond haben."
„Da werden wieder einige meiner abergläubischen Kollegen durchdrehen", warf Raymond ein.
Am Alten Markt blieb Pierre erneut stehen und fragte: „Sehen Sie dieses winzige Häuschen neben dem Café Tomaselli? Es ist das kleinste Haus der Stadt. Angeblich hatte sich eine Tochter aus reichem Haus in einen armen Mann verliebt. Ihr Vater, nicht

gerade erfreut über ihre Wahl, verlangte von ihrem Verehrer, dass er zumindest ein Haus für seine geliebte Tochter errichten sollte. Und der schlaue Brautwerber baute dann dieses winzige Häuschen."
Lisa grinste.
Raymond streifte das Haus mit einem gelangweilten Blick. Seine Laune hatte sich nach wie vor nicht gebessert.
„Das ehemalige kleine Festspielhaus wurde in „Haus für Mozart" umbenannt. Die Straße davor wurde im Mozartjahr 2006 mit golden schimmerndem Splitt-Mastix-Belag gepflastert. Vor der Eröffnung der Festspiele hinterließen unzählige LKW-Reifen hässliche schwarze Spuren. Der Asphalt wurde aufwendigst gereinigt. Bei der Eröffnung waren die goldenen Farbpigmente wieder ergraut", spielte nun zur Abwechslung Raymond den Fremdenführer für Lisa.
„Musst du denn immer an allem etwas auszusetzen haben?", wies Pierre ihn zurecht. „Mein Neffe lässt kein gutes Haar an seiner Heimatstadt. Das hat er von seiner Mutter. Auch meine Schwester hatte sich oft darüber beklagt, in einer der schönsten Städte der Welt leben zu müssen."

„Ja, wenn man in Paris aufgewachsen ist...", warf Lisa ein.
„Unsere Familie stammt nicht aus Paris, sondern aus der Normandie."
„Heuer mussten die im Asphalt installierten Lichtbänder ausgetauscht werden. Die 187.000 Euro teure Anlage strahlte nicht so, wie sie hätte strahlen sollen", unterbrach Raymond seinen Onkel.
„Diese Lichtbänder im Festspielbezirk sollten als Verbindung zwischen der Aula und dem Großen Festspielhaus sowie dem Haus für Mozart dienen. Sie symbolisieren die Luftlinie zwischen den Bühnen. Und das war eine nette Idee", warf Pierre ein.
Lisa hörte dem Geplänkel der beiden Männer amüsiert zu.
„Hier haben wir die nächste Meisterleistung. Klingt fast wie ein Schildbürgerstreich. Der „Anselm Kiefer Pavillon" wurde Stein für Stein abgetragen und vom Furtwänglerpark an den Standort des abgerissenen Sparkassenstöckls verlegt, also um ein paar Meter weiter versetzt. Die Kosten für die Abtragung betrugen etwa 160.000 Euro."
„Was ist denn das für eine Idiotie", ereiferte sich nun auch Lisa.
Inzwischen waren sie beim Eingang der Felsenreitschule angelangt.
Anna Barnabo hatte sich für ihre Nichte in Unkosten gestürzt. Sie hatten tolle Plätze in der achten Reihe Parterre.
Raymond verabschiedete sich von ihnen. „Ich muss hinter die Bühne", sagte er.
„Du hast Bereitschaft oder wie auch immer man das bei euch Theaterleuten nennt, ich weiß", zog Pierre seinen Neffen auf.
„Anscheinend rechnet er ernsthaft damit, dass er heute Abend einspringen muss", sagte er kopfschüttelnd zu Lisa.
Sie erinnerte sich ungern an Raymonds gestrige Schmährede und blickte verlegen nach oben.
Die nette Kellnerin hatte es verschrien. Dunkle Regenwolken zogen auf.
„Die ehemalige Sommerreitschule entstand schon Ende des 17. Jahrhunderts. Sie haben damals in einem aufgelassenen Steinbruch Galerien und eine Arena aus dem Fels gehauen", versuchte Pierre wieder ihre Aufmerksamkeit zu gewinnen.
„Das ist echt irre, ein Wahnsinn!" Lisa sah sich in der fantastischen Arena staunend um.
„Als Max Reinhardt 1932 nach einer passenden Spielstätte für Goethes „Faust" suchte, kam Clemens Holzmeister auf die geniale Idee, die ehemalige Sommerreitschule zu einem Theater zu machen."

Der Himmel über ihnen war jetzt fast schwarz.
„Keine Angst“, sagte Pierre. „Das jetzige Rolldach schützt auch vor dem Prasseln des Regens. Max Reinhardt musste damals seine „Faust“-Premiere abbrechen. Sie installierten im nächsten Jahr bereits ein Rolldach, aber das Trommeln des Regens schluckte die Worte der Schauspieler.“
Lisa liebte Mozartopern. Kaum ertönte die Ouvertüre, lehnte sie sich in ihrem Sessel zurück und lauschte verzückt.
Leporello, der auf seinen Herrn wartete, patrouillierte vor dem Haus des Komturs auf und ab. Als Stimmen laut wurden, zog er sich zurück. Don Giovanni, das Gesicht verbergend, stürzte aus dem Haus, verfolgt von Donna Anna.
Der übergewichtige Bariton Alfonso stolperte unelegant über die Bühne.
Lisa konnte sich ein kleines Lächeln nicht verkneifen.

Donna Anna hatte geglaubt, in der Dunkelheit ihren Verlobten Don Ottavio zu umarmen, als sie plötzlich einen Fremden vor sich gesehen hatte. Auf die Hilferufe seiner Tochter eilte der Komtur herbei und zwang den ehrlosen Verführer zum Zweikampf.
Als Don Giovanni, getroffen vom Degen seines Gegners, zu Boden stürzte, erschallten einige Lacher im Publikum. Auch Lisa glaubte, dass der etwas tollpatschige Alfonso über seine eigenen Beine gestolpert war. Doch als er regungslos liegen blieb, ging ein leises Raunen durch die Reihen.
Lisa sah Pierre erschrocken an.
Pierre sah ebenso ratlos und verwirrt drein wie sie.
Die anderen Sänger hatten sich alle um den leblosen Don Giovanni geschart. Eine Sängerin fing zu schreien an. „Er verblutet! Verdammt, er braucht einen Arzt!“
Pierre sprang sofort auf. In diesem Augenblick gingen die Lichter aus.

Nachdem Raymond mehrmals beteuert hatte, keine Lust auf die Premierenfeier im „Goldenen Hirsch“ zu haben, hatte Pierre seinen Neffen und Lisa nach der „Don Giovanni“-Premiere zu einem Abendessen in sein Hotel Schloss Mönchstein eingeladen. Auf Grund des schrecklichen Unfalls war die Feier im „Goldenen Hirsch“ inzwischen ohnehin abgesagt worden.
Pierre und Lisa warteten eine Stunde lang in der Orangerie Apollo auf Raymond. Er hatte sich telefonisch für sein Verspäten entschuldigt. Anscheinend wurde er, genauso wie alle anderen Mitwirkenden, von der Kriminalpolizei einvernommen.
In den Radionachrichten brachten sie jede Stunde die neuesten Meldungen über dieses unfassbare Drama. Fest stand nur, dass der Degen kein Requisit, sondern eine echte Waffe gewesen war.
Nach dem zweiten Aperitif bot Pierre Lisa das „Du-Wort“ an und zeigte ihr seine Suite, die mit erlesenen antiken Möbeln eingerichtet war. Sein geräumiges Badezimmer war mit edlem Calacatta-Marmor und luxuriösen Accessoires ausgestattet. „Von der Badewanne aus kann man fast das Treiben in der Stadt beobachten“, sagte er.
Anschließend machten sie einen kleinen Rundgang durch das Hotel, das Lisa an die verwunschenen Märchenschlösser in ihren Kinderbüchern erinnerte.
Der gotische Salon, ein denkmalgeschützter Raum, war mit wertvollen Antiquitäten ausgestattet. Besonders eine mit Reliefschnitzerei gefertigte Reisetruhe, die die Marienverkündigung von Erzengel Gabriel darstellte, erregte Lisas Interesse.

Le Monde
Les armées s'estiment
maltraitées par Sarkozy

Le Monde
Les armées s'estiment
maltraitées par Sarkozy

Pierre wies sie auch auf die witzigen Hochzeitstafeln außen am Hotel hin. „Früher fanden hier viele Hochzeiten statt und jedes Brautpaar durfte eine Tafel aufhängen."
Bevor sie in die Orangerie Apollo zurückkehrten, warfen sie einen Blick ins Schlossrestaurant. Durch die Glasfassade hatte man einen ebenso atemberaubenden Blick auf Schloss Mirabell und die Altstadt wie von der großzügigen Terrasse aus.
Der offene Marmorkamin in der Bar war an diesem regnerischen Abend geheizt. Die dezente Beleuchtung, das Knistern des Feuers und die kleinen züngelnden Flammen verbreiteten eine anheimelnde Atmosphäre.
Pierre wirkte erschöpft. Der furchtbare Unfall hatte ihn sehr mitgenommen. Außerdem machte er sich Vorwürfe, dass er nicht sofort Erste Hilfe geleistet hatte.
Lisa versuchte ihn zu trösten: „Die hätten dich sicher nicht zu ihm gelassen. Zum Glück dürfte Alfonso Luciano ja noch einmal davongekommen sein. Du hast es doch gerade in den Nachrichten gehört. Er liegt zwar auf der Intensivstation, es besteht jedoch keine Lebensgefahr mehr."

Der Unfall oder Mordversuch war natürlich auch im Hotel Schloss Mönchstein das vorherrschende Thema an diesem Abend. Pierre und Lisa hatten keine Lust, sich an den Spekulationen der anderen Gäste zu beteiligen.
Als Raymond mit eineinhalbstündiger Verspätung die Bar betrat, löcherten sie ihn jedoch mit Fragen.
Der junge Mann war kreidebleich. Seine Hände zitterten, als er sich eine Zigarette anzündete. Lisa sah ihn zum ersten Mal rauchen.
„Bitte lasst mich in Ruhe", sagte er. „Ich muss jetzt zuerst was essen. Mir kracht der Magen."
Sie dinierten im kleinsten Restaurant der Welt, das sich in der Turmspitze des Hotels befand. Obwohl Lisa Mitleid mit dem nach wie vor elend aussehenden Raymond hatte, genoss sie ihren Spanferkelrücken an würzigem Jus mit gebratenem Senfkohl und Haupia. Auch von ihrem Dessert, der Bitterschokoladen-Ganache auf Zitruscreme mit Ingwerreis und Rosmarinsand, ließ sie nichts übrig.
Pierre, der ebenso schweigsam und nachdenklich wirkte wie Raymond, bedankte sich persönlich beim Küchenchef Herrn Helfrich für das vorzügliche Dinner.

Gleich nach dem Dessert verabschiedete er sich von den beiden jungen Leuten, bestellte ihnen jedoch noch eine Flasche „Cuve IMPRESSARIO" vom Weingut Paul Kerschbaum aus dem Mittelburgenland.
Sie tranken die Flasche leer, oder besser gesagt, Raymond trank und Lisa sah ihm dabei zu. Irgendwann lag Raymond in Lisas Armen und weinte. Er hatte schreckliche Angst, dass die Kriminalpolizei ihn verdächtigen könnte, den Mordanschlag auf Alfonso Luciano verübt zu haben.
„Ich war hinter der Bühne und hätte jede Zeit der Welt gehabt, den Degen auszutauschen. Verstehst du mein Problem? Alle wissen, dass ich eifersüchtig auf den Dicken war...", stieß er schluchzend hervor.
Bevor sie sich ein Taxi rufen ließen, überredete Lisa ihn zu einem kleinen Spaziergang durch den märchenhaften Schlosspark. Sie wollte ihn ein bisschen ausnüchtern.
Als sie eine halbe Stunde später mit dem Taxi hinunter in die Stadt fuhren, bestand er darauf, mit ihr einen Absacker auf der

Steinterrasse zu trinken.
Sie bereute es später nicht, Raymond auf die Steinterrasse begleitet zu haben. Der phantastische Panoramablick auf die beleuchtete Festung Hohensalzburg und die Altstadt entschädigte sie für den bisher sehr traurig verlaufenen Abend. Der Kontrast zwischen dem anspruchsvollen, mondänen Design in der Bar und der barocken Architektur Salzburgs war faszinierend.
Raymond hatte betonte, dass er heute keinen von seinen Freunden sehen und deshalb nicht ins „Triangel" gehen wollte. Kurz nach ihnen betrat Brigitta, Arm in Arm mit Oscar, die Lounge. Die beiden behaupteten, aus demselben Grund nicht ins „Triangel" gegangen zu sein wie Raymond. Brigitta sah außerdem verheult aus. Ihre Wimperntusche war verschmiert und hatte kleine schwarze Klumpen auf ihren vom Alkohol geröteten Wangen hinterlassen.
Sie benahm sich völlig anders als letzten Abend im „Triangel". Weinte leise vor sich hin und beachtete die anderen Gäste kaum.
„Alfonso war ihr Liebhaber", flüsterte Raymond Lisa ins Ohr.
„Ich weiß", sagte sie leise und bemühte sich, nett zu dieser unsympathischen Tussi zu sein.
Auch Raymond ging eher einfühlsam mit Brigitta um. Und Oscar klebte sowieso an ihr. Er ließ sie keine Minute aus den Augen, streichelte dauernd ihre Hände, ihre Haare und ihre feuchten Wangen.
„Er wird überleben", beteuerten Raymond und Lisa schon zum fünften Mal.
Ein heftiger Seufzer war die einzige Reaktion.
„Möchtest du noch einen Prosecco oder lieber etwas Härteres?", fragte Oscar.
„Wodka", sagte Brigitta leise.
Lisa hatte keine Lust sich mit Wodka zuzuschütten. Bevor sie sich ein Taxi bestellte, tauschte sie mit Brigitta und Oscar die Handynummern aus. „Ihr müsst mich unbedingt anrufen, falls ihr irgendwelche Neuigkeiten erfahren solltet", sagte sie.
Raymond traf keine Anstalten, sie in ihr Hotel zu bringen. Er hatte gerade eine Runde „Oval" bestellt.

Vorschläge für einen Sonntags-Brunch

<u>Zutaten:</u>
Beinschinken
Käse
Lachs
Salami
Prosciutto
Salat zum Dekorieren
Shrimps-Cocktail
Joghurt mit frischen Früchten
weiches Eis
Marmelade & Butter
Brioche
frisches Gebäck
frisch gepresster Orangensaft
Prosecco
Kaffee oder Tee

Spanferkelrücken an würzigem Jus mit Haupia und gebratenem Senfkohl

Spanferkelrücken

Zutaten:

1 Spanferkelrücken (Sie sollten ungefähr 8 Scheiben herunterscheiden können)

Zubereitung:

Die Karrees parieren, dabei das Fett am Knochen belassen und einschneiden, die Karrees mit der Fettseite in eine Pfanne legen und bei 200°C im Ofen braten. Dabei immer mit Fett übergießen, nach einigen Minuten umdrehen und ca. 10 bis 15 Minuten braten lassen. Aus dem Ofen nehmen, auf ein Gitter legen und 5 bis 10 Minuten ruhen lassen, danach in Scheiben schneiden.

Sataysauce

Zutaten:

10 g Curry, 100 g Soyasauce
50 g Kokosmilch, 50 g Zucker
100 g Reisessig, 10 g Zitronengras
5 g Ingwer, 75 g Shitake
100 g Kalbsfond

Zubereitung:

Alle Zutaten in einem Topf 20 Minuten einkochen lassen, mixen und durch ein Sieb passieren. Bei Bedarf mit etwas Kalbsfond strecken und abbinden.

Haupia

Zutaten:

400 ml Kokosmilch, 183 g Milch
112 g Zucker, 135 g Maizena
1 EL Salz
1/2 Vanilleschote
Pfeffer, Semmelbrösel
frischer fein gehackter Koriander

Zubereitung:

Die Zutaten in einem Topf zu einem dicken Sterz kochen, danach ca. 1 cm dick auf eine Frischhaltefolie aufstreichen und erkalten lassen. Sobald die Masse kalt ist, Würfel daraus schneiden, diese in Korianderbrösel panieren und bei 140°C solange backen, bis die Brösel goldbraun sind.

Pak Choi

Zutaten:

ca. 2 kleine Häuptel Pak Choi (= Senfkohl)
Salz & Pfeffer

Zubereitung:

Den Pak Choi grob in Scheiben schneiden, danach in einer Pfanne zusammenfallen lassen und mit Salz und Pfeffer würzen.

Anrichten:

2 Scheiben des Spanferkelrückens auf einen Teller legen und mit etwas Sataysauce übergießen, daneben von dem Pak Choi und 2 Haupia-Würfel legen.

Bitterschokoladen Ganache auf Zitruscreme, Ingwereis und Rosmarinsand

Schnittganache

Zutaten für Boden:
2 Eiweiß, 30 g Zucker
2 Dotter
60 g Guanaja (= Bitterschokolade von Valrhona mit mindestens 70% Cacaoanteil)
50 g flüssige Butter
40 g Mehl

Zubereitung:
Die Eiweiß mit dem Zucker zu Schnee schlagen und die Dotter vorsichtig unterheben. In der Zwischenzeit die Guanaja schmelzen, die Butter dazugeben, nach und nach das Mehl beifügen und alles gut miteinander verrühren. Das ganze vorsichtig unter die Eiermasse heben, auf ein mit Backpapier ausgelegtes Blech ca. 5 mm dick aufgießen und 10 Minuten bei 180°C backen.

Zutaten für Creme:
150 g Schlagobers
20 ml Grand Marnier
1 Samen von Kardamom
150 g Guanaja
2 Dotter
150 g geschlagener Obers

Zubereitung:
Das Schlagobers gemeinsam mit dem Grand Marnier und dem zerstoßenen Kardamom-Samen in einem Topf aufkochen, die Schokolade beigeben und auf 35°C abkühlen. In der Zwischenzeit die Dotter warm schlagen und unter die Masse heben. Ganz zum Schluss den geschlagenen Obers vorsichtig unterheben, danach auf den Schokoladeboden geben und kalt stellen.

Zutaten für Glasur:
200 g Zucker
72 g Wasser
140 g Schlagobers
70 g Guanaja
6 g Butter
42 g Kakao Blaue Marke
5 Blatt Gelatine

Zubereitung:
In einem Topf den Zucker mit 40 g Wasser auf 130°C kochen, in einem zweiten Topf den Schlagobers mit der Schokolade, der Butter und dem Kakao aufkochen und zum Zucker geben. Einmal aufkochen und gut durchmixen, danach die in 32 g Wasser eingeweichte Gelatine dazugeben. Etwas abkühlen lassen und nun über die Creme verteilen und wiederum erkalten lassen.

Ingwereis

Zutaten:
375 g Milch
80 g geriebener Ingwer
25 g Glukose
175 g Glukose
375 g Schlagobers
210 g Zitronensaft

Zubereitung:
Die Milch mit der Hälfte des geriebenen Ingwers in einem Topf einmal aufkochen und einige Minuten ziehen lassen, danach gut durchmixen und durch ein Sieb abseihen. Die Glukose mit dem Zucker in einem zweiten Topf aufkochen und zur Ingwermilch geben. In einem weiteren Topf den Schlagobers mit dem Zitronensaft und der anderen Hälfte des fein geriebenen Ingwers gut verrühren und zur Ingwermilch füllen. Alles in einen Paco Jet Becher füllen und frieren. Sollten Sie zuhause keinen Paco Jet haben, können Sie das Eis in einer Schüssel im Gefrierschrank gefrieren lassen, dabei immer wieder gut durchmischen.

Rosmarinsand

Zutaten:
350 g Zucker
22 g Rosmarinnadeln – fein gehackt
30 g Mandelmehl
75 g Eiweiß
62 g Staubzucker

Zubereitung:
Den Zucker gemeinsam mit den Rosmarinnadeln und dem Mandelmehl cutttern. Die Eiweiß mit dem Staubzucker aufschlagen und vorsichtig mit dem Rosmarinzucker vermischen. Auf eine Silpad Matte (=Silikonmatte) geben und im Backrohr bei 110°C ca. 1,5 Stunden trocknen, danach mit einem sehr feinen Reibeisen reiben und sieben, luftdicht und trocken lagern.

Zitruscreme

Zutaten für Aufguss:
90 g Orangensaft
90 g Grapefruitsaft
50 g Limettensaft
70 g Minze

Zubereitung:
Die drei Säfte in einem Topf aufkochen, die Minze beigeben und ca. 15 Minuten ziehen lassen, danach abseihen.

Zutaten für Creme:
135 g Vollei
180 g Zucker
3 Zitronenstreifen

2 Orangenstreifen
2 Grapefruitstreifen
160 g Aufguss
215 g weiche Butter
2,5 g Orangenschale
2,5 g Grapefruitschale
2,5 g Zitronenschale

Zubereitung:
Das Vollei gemeinsam mit dem Zucker, den Streifen und dem Aufguss zur Rose abziehen, danach abseihen und auf 55°C abkühlen. Die weiche Butter dazugeben und glatt rühren, auf keinen Fall aufschlagen, da es sonst eine feste Creme wird. Nun die fein geriebenen und blanchierten Schalen der Zitrusfrüchte beigeben und kalt stellen.

Muskovadosirup
Zutaten:
100 g frisch gepresster Orangensaft
20 g frisch gepresster Zitronensaft
25 g Muskovadozucker

Zubereitung:
Die frisch gepressten Säfte sieben und gemeinsam mit dem Muskovadozucker zu einem Sirup kochen.

TIPP!
Muskovadozucker ist eine bestimmte Art Rohrzucker von einer tropischen Insel, er hat ein ganz typisches Aroma, das der Rohrzucker nur dort hat. Er ist nicht ganz trocken, sondern eher feucht und klumpig.

Tafelspitz mit Röstkartoffeln, Semmelkren und Schnittlauchsauce

Tafelspitz
<u>Zutaten:</u>
150 g Rohrknochen
ca. 2 - 3 l kaltes Wasser
1 kg Tafelspitz
2 Knoblauchzehen
1 Lorbeerblatt
Wacholderbeeren
Pfefferkörner, Liebstöckl
200 g Wurzelgemüse
1 Zwiebel

<u>Zubereitung:</u>
Die Rohrknochen kurz blanchieren und kalt abspülen, dann in kaltem Wasser ansetzen und aufkochen lassen. Den Tafelspitz im Ganzen, die Knoblauchzehen und die Gewürze beigeben und 1 Stunde langsam köcheln lassen, dabei immer wieder den Schaum abschöpfen. Die ungeschälte Zwiebel halbieren und kurz mit der Schnittseite in einer heißen Pfanne Farbe nehmen lassen, dann gemeinsam mit dem Wurzelgemüse in den Topf geben. Nochmals ca. 1,5 bis 2 Stunden köcheln. Nach der Kochzeit den Tafelspitz herausnehmen und warm stellen.

Röstkartoffeln
<u>Zutaten:</u>
ca. 3/4 kg gekochte Kartoffeln
Öl
2 in feine Streifen geschnittene Zwiebeln
Salz & Pfeffer
Kümmel, Majoran

<u>Zubereitung:</u>
Die Kartoffeln weich kochen und in Scheiben schneiden, dann in heißem Öl anrösten, die Zwiebelstreifen beigeben und weiter rösten. Mit Salz, Pfeffer, Kümmel und Majoran würzen.

Semmelkren
<u>Zutaten:</u>
3 Semmeln
1 EL Butter
250 ml Rindsuppe
Zitronensaft
Zucker
Salz & Pfeffer
Muskat
2 EL frisch geriebener Kren

<u>Zubereitung:</u>
Die Semmeln entrinden und in feine Scheiben schneiden, in der Butter anrösten und mit der Rindsuppe aufgießen. Solange kochen, bis die Semmeln weich sind und gut verrühren. Mit Zitronensaft, Zucker, Salz, Pfeffer und Muskat würzen. Kurz vor dem Servieren den frisch geriebenen Kren beifügen.

Schnittlauchsauce
<u>Zutaten:</u>
2 Scheiben Toastbrot
125 ml Sauerrahm
3 gekochte Eidotter
3 EL Mayonnaise
Essiggurkerlwasser
Salz & Pfeffer
Senf
1 Bund fein geschnittener Schnittlauch

<u>Zubereitung:</u>
Die Toastbrotscheiben entrinden und im

Sauerrahm anweichen, die Eidotter dazugeben und das Ganze passieren. Mit der Mayonnaise, dem Essiggurkerlwasser, Salz, Pfeffer und Senf abschmecken und ganz zuletzt den fein geschnittenen Schnittlauch beigeben.

Anrichten:
Den in Scheiben geschnittenen Tafelspitz mit Karotten-, Lauch- und Selleriestreifen und den Beilagen anrichten und heiß servieren.

Salzburger Nockerl

Zutaten:
6 Eiweiß
2 EL Zucker
2 EL Vanillezucker
geriebene Schale von 1/2 Zitrone
1 TL Stärkemehl
3 Eidotter
Preiselbeeren
Rum

Zubereitung:
Die Eiweiß mit dem Zucker und dem Vanillezucker zu Schnee schlagen, die Zitronenschale und das Stärkemehl dazugeben, danach die 3 Eidotter vorsichtig unterheben. Die Preiselbeeren und den Rum in eine Auflaufform streichen, mit der Eimasse drei Nocken setzen und bei 180°C 6 Minuten backen, mit Staubzucker bestreuen und sofort servieren.

Kapitel 3

Lisa musste in der Früh übersiedeln. Sie hatte ihr Zimmer in der „ Blauen Gans“ nur fürs Wochenende gebucht.
Gestern Nacht, bevor sie in das Taxi gestiegen war, hatte sie an der Rezeption des „Hotel Stein“ gefragt, ob sie ab heute ein Zimmer bekommen könne. Und sie hatte unverschämtes Glück gehabt, ein Gast hatte in letzter Minute storniert. Lisa bekam seine Suite zum Extra-Sonderpreis.
Die beiden Räume waren in Violett- und Grautönen gehalten, die Bettwäsche war gestreift wie ein Zebra, neben dem Bett standen mit Leder überzogene Hocker und es gab sogar einen französischen Balkon.
Da Pierre sich nicht gerührt hatte, beschloss sie shoppen zu gehen. Einkaufen ging sie lieber ohne männliche Begleitung, obwohl es ja angeblich Männer geben sollte, die sich sehr wohl als Berater eigneten. Bisher war ihr noch keines dieser seltenen Exemplare begegnet.

In der Galerie Pap-Art in der Bergstraße kam sie sogleich mit der charmanten ungarischen Besitzerin, die gerade für ein „Galerie-Essen“ Vorbereitungen traf, ins Gespräch. Sie konnte sich keine der Skulpturen leisten, kaufte aber einen silbernen Armreifen, den Zoltan Pap entworfen hatte. Auf Empfehlung der Galeristin ging sie danach ins Mozarteum und sah sich den „Mozartstuhl“ von Zoltan Pap im Foyer an.
Am Rückweg erstand sie im Traditionshaus Gollhofer eine rosa Trachtenjacke. Der Chef des Hauses beriet sie höchstpersönlich.
Ein Anruf von Pierre brachte sie dann ziemlich aus der Fassung. Er klang sehr aufgeregt, sprach nicht mehr sein perfektes Deutsch, sondern ließ immer wieder französische Ausdrücke einfließen.
Raymond war verhaftet worden. Man lastete ihm den Mordversuch an Alfonso an. Er hatte kein Alibi, war hinter der Bühne gewesen und hatte Gelegenheit gehabt, die Requisite gegen einen Degen mit scharfer Klinge auszutauschen.
Raymonds schlimmste Befürchtungen von gestern Abend waren also Realität geworden.

„Da Raymond überall herumposaunt hat, dass er der bessere Don Giovanni wäre und eigentlich er diese Rolle hatte bekommen müssen, geriet er natürlich unter Verdacht. Noch dazu hat sein Freund Oscar, der ja zur Zeit als Requisiteur arbeitet, in seiner Naivität ausgesagt, dass er Raymond hinter der Bühne dabei beobachtet hatte, wie er vor einem Spiegel mit einem Degen Scheingefechte geführt hatte. Oscar hatte geglaubt, er würde ein bisschen üben. Cet idiot!“
Nachdem Lisa aufgelegt hatte, runzelte sie nachdenklich die Stirn. Oscar mochte wohl etwas eigenartig sein, ein Dummkopf war er sicher nicht. Was wollte er mit dieser Aussage bezwecken? Warum hätte er Raymond da hineinreiten sollen? Die beiden schienen sich gestern Abend auf der „Steinterrasse“ recht gut zu verstehen. Doch wer weiß, was sich zwischen ihnen abgespielt hat, nachdem ich gegangen bin, dachte sie und beschloss, Brigitta anzurufen.
Lisa war von Raymonds Unschuld fest überzeugt, traute ihm keinen Mord zu, egal wie blöd er in den letzten Tagen dahergeredet hatte. Ein Blick auf die Uhr, es war eindeutig zu früh für ein Telefonat mit Brigitta, die sicher völlig verkatert im Bett lag. Sie

Paprika

verschob den Anruf auf später und machte sich auf die Suche nach dem „Balkan Grill".
„Wir treffen uns morgen um 10 Uhr 30 beim 1. Salzburger Bosna Grill im Durchgang vom Haus Nr. 33 in der Getreidegasse. Nur dort bekommst du die Originalbosna", hatte Raymond gestern Nacht gesagt.
Als sie in das knusprige Weißbrotweckerl biss, das mit gegrillten Schweinsbratwürsteln, klein geschnittenen Zwiebeln, frischer Petersilie, Senf und einer geheimen Mischung aus diversen Gewürzen gefüllt war, legte jemand seine Hand auf ihre Schulter.
Verblüfft drehte Lisa sich um.
Hinter ihr stand Alexander.
„Hallo, Süße, schön dich zu sehen."
Sie lächelte ihn gekünstelt an.
„Keine Angst vor Zwiebeln? Nun, deinen Raymond wirst du wohl heute eh nicht mehr küssen können. Hat er dich übrigens schon mal geküsst?"

Lisa hätte ihm am liebsten eine `runtergehauen.
„Als Studenten haben wir uns von diesem Zeug buchstäblich ernährt. Aber dieser „Balkan-Grill" ist nicht nur bei Studenten sehr beliebt. Auch prominente Festspielgäste, japanische Touristen, Fußballstars und andere Leute scheuen den etwas herben Geruch nicht, den sie nach dem Genuss eines Bosna-Weckerls verbreiten", witzelte Alex weiter.
„Das Standl ist eine wahre Goldgrube. In der Adventzeit verkaufen sie angeblich bis zu zweitausend Bosnawürstel durch die Fensteröffnung des winzigen Lokals – das muss man sich mal vorstellen."
Zwei gut gekleidete Damen mittleren Alters grüßten Alex freundlich.
„Dantendorfer-Weiber", sagte er abfällig, als die beiden Damen im Durchgang verschwunden waren. „Du erkennst sie an ihren aufgestellten Blusenkrägen und den teuren Kaschmirpullovern mit V-Ausschnitt, die sie scheinbar ganz locker über die Schultern geworfen und am Busen verknotet haben. Die eine hat sogar noch ein Hermés-Tuch in den Ausschnitt ihrer Bluse gestopft. So rennen wirklich nur Salzburgerinnen herum."

Lisa musste lachen, obwohl ihr sein überhebliches Gerede auf die Nerven ging.
„Selbst die Auslagepuppen des Modegeschäftes haben ihre Blusenkrägen aufgestellt. Und die Söhne dieser wohlhabenden Damen haben die Krägen ihrer Ralph Lauren Polo-Shirts ebenfalls aufgestellt..."
„So wie der da?", fragte Lisa und deutete auf einen jungen Mann, der ein elegant gebundenes Halstuch trug.
„Das ist ein Jusstudent. Die erkennt man an ihren genagelten Schuhen und an ihren Halstüchern, die sie im Ascot-Stil binden. Oder sie tragen „Salzburger"."
„Wie bitte?"
„Das sind spezielle Anzüge aus dunkelgrauem, sehr feinem Leinen, Kragen und Manschetten sind grün, die Streifen auf der Hose ebenfalls. – Du erkennst all diese Schnösel auch an ihren Grußgewohnheiten: Grüß dich, Servus, Baba...", spottete Alexander.
„Du bist ein schändliches Lästermaul", sagte Lisa. Ertappte sich jedoch dabei, dass sie ihn sehr unterhaltsam fand.
Als er erneut über Brigitta herzuziehen begann, fand sie ihn gleich viel weniger amüsant.

„Ich hab sie gründlich satt gehabt“, sagte er. „Hab sie buchstäblich an Alfonso weitergereicht. Und der Dicke war mir echt dankbar. Er steht auf üppige Schönheiten. Brigitta ist außerdem Weltmeisterin im Blasen und viel mehr kann dieser Fettsack wohl ohnehin nicht mehr ertragen.“ Alex grinste Lisa süffisant an.

Sie war empört über sein ordinäres Gerede, ließ sich jedoch nichts anmerken. Denn plötzlich kam ihr der Verdacht, dass er hinter dem Mordanschlag auf Alfonso stecken könnte. Vielleicht war alles ganz anders gewesen, als sie bisher gedacht hatte? Vielleicht hatte Brigitta ihn wegen des Star-Baritons Alfonso Luciano verlassen? Und er hatte sich gerächt? Auch Alex hatte Zugang zum Backstage-Bereich. Soviel sie wusste, wirkte er sogar als Statist bei der Don Giovanni-Produktion mit.

„Warst du hinter der Bühne, als es passiert ist?“, fragte sie ihn ganz direkt.

„Was willst du damit andeuten? Die Rolle des rasenden Othello passt so gar nicht zu mir, meine Liebe“, sagte er. Legte seine Hände um ihren Hals und lachte ihr ins Gesicht. Sein Griff war fest. Seine Finger hinterließen rote Flecken auf ihrer Kehle.

„Spinnst du“, fauchte sie ihn an, als er sie endlich wieder los ließ. „Das hat echt weh getan.“

Alex verabschiedete sich lachend, aber ziemlich abrupt, von ihr.

„Vollkoffer“, zischte sie leise, nachdem er aus ihrem Blickfeld verschwunden war.

Sie ging hinüber zum Grünmarkt. Nach der schwer im Magen liegenden Bosna und der ebenso schwer verdaulichen Begegnung mit Alex brauchte sie dringend eine kleine Erfrischung.

Das herzliche Gelächter von zwei Frauen, die vergnügt miteinander plauderten, zog sie an. Sie kaufte ein halbes Kilo Zwetschgen.

Die Marktstandlerinnen, offensichtlich Mutter und Tochter, beide waren sehr hübsch und sahen einander ähnlich, verrieten ihr sofort ein ganz spezielles Rezept für Zwetschgenknödel. Nina und ihre Mutter Bruni schafften es tatsächlich, Lisa von ihren düsteren Gedanken über Mord und Totschlag abzulenken. Als sich auch noch eine ältere Frau namens Thea vom Nachbarstand einmischte und sich ebenfalls über die armen Zwetschgerl lustig machte, war Lisa wieder mit Salzburg versöhnt.

Vor ihrem Hotel warteten bereits Pierre und Gregor von Paschinger auf sie.

Pierre saß dieses Mal selbst am Steuer.

Gregor bot Lisa den Beifahrersitz an. Dieses Mal blieb sie stur. Sie wollte allein auf der Rückbank sitzen, um in Ruhe über den Unfall und Raymonds Verhaftung nachdenken zu können.

Kurz nach 13 Uhr trafen sie im Hotel Schloss Fuschl ein.

Der liebe Pierre schien deprimiert wegen Raymonds Verhaftung zu sein. Er haderte damit, dass er nichts für seinen Neffen tun konnte. Allerdings hatte er mit Hilfe von Gregor von Paschinger Raymond bereits einen Anwalt besorgt.

Da es keinen Sinn hatte, im Hotelzimmer zu sitzen und auf einen Anruf von Raymonds Anwalt zu warten, hatten sie sich entschlossen, den geplanten Ausflug zum „Schloss Fuschl“ nicht zu verschieben. Eventuell wollte Pierre im nächsten Sommer in diesem legendären Hotel absteigen. Der Trubel in der Festspielstadt war ihm zu lästig. Außerdem war er ein leidenschaftlicher Schwimmer.

Kaum hatten sie das Hotelfoyer betreten, begann es leicht zu nieseln. Pierre und Lisa wollten trotzdem vor dem Essen schwimmen gehen.

„Okay, wenn ihr unbedingt Aufsehen erregen wollt, zieht euch doch jetzt gleich auf der Toilette um und rennt dann in euren Badekostümen durch die Halle runter zum See. Die älteren Damen auf der Terrasse werden sich über deinen Anblick in der Badehose bestimmt freuen, mein Freund“, machte sich Gregor über Pierre lustig.
Lisa entkam ein unpassendes Kichern.
„Haben Sie überhaupt einen Bikini mit? Oder wollen Sie etwa gar im Schloss Hotel Fuschl „oben ohne“ einführen und die unschuldigen jungen Kellner verderben?“, bekam nun auch sie seine spitze Zunge zu spüren.
Gregor von Paschinger hatte es jedenfalls geschafft, die beiden Trauerweiden aufzuheitern. Sie nahmen einen Aperitif in der Hotelbar und Gregor erzählte ihnen die Geschichte des Schlosses in Kurzfassung: „Seit Mitte des 15. Jahrhunderts beherbergt dieses Schloss Adelige, Erzbischöfe, Kaiserinnen und in den letzten Jahrzehnten auch jede Menge Filmstars. Schon in den 50er Jahren des vergangenen Jahrhunderts gelangte Schloss Fuschl zu Weltberühmtheit. Seine märchenhafte Lage machte es zur idealen Filmkulisse für die berühmten „Sissi-Filme“ mit Romy Schneider und Karl Heinz Böhm.“
Lisa strahlte ihn begeistert an. „Die „Sissi-Filme“ waren die Lieblingsfilme meiner Mutter“, sagte sie.
„Sie schauen der jungen Sissi, ich meine natürlich der jungen Romy Schneider, ein bisschen ähnlich. Die Haare von Sissi, die Augen von Romy“, zog er Lisa auf.
Inzwischen wagten sich wieder vereinzelt Sonnenstrahlen durch die Wolkendecke. Sie gingen trotzdem hinunter ins Restaurant Imperial.
Die spektakuläre Einrichtung, alles war in Grau und Silber gehalten, nur die Kristallleuchten waren schwarz, harmonierte perfekt mit dem prunkvollen Interieur des hochherrschaftlichen Schlosses.
Angesichts der knusprig gebratenen Rotbarbe, die auf einem Fenchelragout und auf Fenchel-Parmesan-Nudeln angerichtet und mit einem Fenchelsorbet und einem Glas Absinthe serviert wurde, geriet Lisa regelrecht ins Schwärmen.
„Thomas Walkensteiners Kochkünste sind nicht nur mit drei Hauben und einem Michelin Stern prämiert worden, er hat auch bereits zwei Anti-Aging-Bücher, Koch dich jung, gemeinsam mit Doktor Markus Metka, herausgebracht.– Einfache Rezepte mit den 15 Anti-Aging-Stars, wie zum Beispiel Tomate, Bohne, Spinat“, sagte Gregor.
Nach dem Essen statteten sie dem SPA-Bereich des Hotels einen kurzen Besuch ab. Das elegante Ambiente im Stil des „Fin de Siècle“ beeindruckte selbst Pierre.
„Hier könntest du dich wirklich entspannen und dich gleichzeitig verjüngen lassen. Einige dieser Beauty-Treatments würden auch mir nicht schaden“, fügte Gregor selbstironisch hinzu.
„Na, hab ich euch zuviel versprochen?“, fragte er, als sie anschließend einige Suiten und eines der sechs Seehäusl besichtigten.
Pierre hätte am liebsten dieses schnuckelige Häuschen sofort für nächsten Sommer gebucht. Die eigene Terrasse, die Sauna, der offene Kamin und vor allem der direkte Zugang zum See hatten es ihm angetan.
Gregor riet ihm eher zu einer der sieben exklusiven Turm-Suiten.
„Es muss ja nicht unbedingt die „Sissi-Suite“ sein. Aber bei regnerischem Wetter stell ich es mir in so einem Seehaus recht trist vor.“

Lisa hingegen versuchte ihm die „Sissi-Suite“ einzureden: „Stell dir vor, du schläfst dann womöglich im selben Bett, in dem Romy

IMPERIAL

geschlafen hat."

Pierre schien diese Aussicht wenig zu beeindrucken. „Nehme an, sie werden die Betten längst ausgetauscht haben", sagte er nüchtern.

„Ich habe heute noch eine kleine Überraschung für Sie", sagte Gregor, als sie zurück nach Salzburg fuhren. „Ich möchte Sie gern in ein original Salzburger Theater einladen. Festspiele hin oder her, wir haben auch anderes zu bieten."

Lisa blickte ihn überrascht an.

„Falls Sie Lust haben, würde ich mich freuen, wenn Sie mich ins Salzburger Marionettentheater begleiten würden. Pierre überlässt Ihnen liebend gern seine Karte. Er hat „The Sound of Music" schon bei der Premiere gesehen und möchte sich nach unserem opulenten Lunch lieber aufs Ohr legen."

Obwohl Lisa den Verdacht hatte, dass der liebe Pierre sie für die ins Wasser gefallene „Don Giovanni"-Premiere trösten wollte, nahm sie die Einladung nach kurzem Zögern an. Sie hatte von „The Sound of Music" schon viel gehört, aber weder die deutsche Verfilmung mit Ruth Leuwerik in der Rolle der singenden Baronin von Trapp noch den mit 5 Oscars ausgezeichneten amerikanischen Film mit Julie Andrews in der Hauptrolle gesehen.

Auf dem Weg zum Theater erzählte Gregor ihr mehr über dieses Kleinod der Stadt: „Professor Anton Aicher hat 1913 das Marionettentheater gegründet, um die Salzburger mit seinen Puppen gut zu unterhalten. Dies ist auch die Intention der heutigen Theaterdirektion. Selbst wenn längst mehr Touristen als Einheimische im Publikum sitzen. Sie haben etwa 40.000 Besucher im Jahr, davon leider nur zwanzig Prozent Einheimische. Ich habe übrigens als Kind den originalen Salzburger Kasperl hier gesehen. Ein wunderbarer, politisch sehr bissiger Kasperl. Seit 1950 finden auch Opernaufführungen im Marionettentheater statt. Die Stimmen kamen damals vom Tonband, heute spielen sie natürlich CDs ein."

„Mozartopern von Marionetten gespielt – wie wundervoll!" Lisa war entzückt.

„Die Amerikaner waren ebenfalls begeistert, als das Marionettentheater mit der „Zauberflöte" auf US-Tournee ging. Sie werden staunen, was diese Puppen alles zu Stande bringen, sie können sogar fliegen."

Lisa lachte.

„Das Marionettentheater hat es als erstes Theater geschafft, das Musical „The Sound of Music" in Salzburg auf die Bühne zu bringen", fuhr er fort. „Die Geschichte der streng katholischen Trapp-Familie, die nach dem Einmarsch der Deutschen in die USA emigrierte und dort rauschende Erfolge mit ihren Konzerten feierte, kennen Sie?"

„Edelweiß...", begann Lisa zu summen.

Nach der zauberhaften Vorstellung trafen sie sich mit Pierre zum Abendessen im Restaurant Wasserfall in der Linzer Gasse.

„Peter Mayr kocht wie ein Gott", behauptete Pierre.

Lisa konnte ihm nur Recht geben, nachdem sie die schwarzen Nudeln mit Wolfsbarsch und Lachs in Krebsrahmsauce probiert hatte. Die zarten Gnocchi mit Birnen und Schokoladensauce, die sie sich als Nachtisch mit Pierre teilte, schmeckten ihr ebenfalls. Sie fühlte sich an die extravaganten Kreationen ihres Vaters erinnert und wollte den Koch unbedingt kennen lernen.

Kurz darauf kam ein junger blonder Mann an ihren Tisch. Bescheiden wies er ihre Komplimente von sich. Als Lisa behauptete, dass dies die besten mediterranen Gerichte gewesen wären, die sie seit langem gegessen hätte, wurde er verlegen. Jedenfalls

wirkte er erleichtert, als er kurz darauf wieder in die Küche gerufen wurde.
Michi, der junge Kellner, war redseliger als sein Chef. Es stellte sich heraus, dass er der Neffe vom Küchenchef im „maier`s" war. „Der Junge mixt die besten „Bloody Mary Shorty", die ich je getrunken habe", sagte Pierre. „Sie sind extrem scharf. Er serviert sie mit eingekochter Chilischotenpaste auf Cocktailtomaten in Schnapsgläsern."
Lisa hätte dieses Teufelsgetränk am liebsten gleich gekostet und ihre Verabredung mit Brigitta im „m32" abgesagt. Allerdings hatte sie ja Brigitta um ein Treffen gebeten, weil sie mit ihr über den Mordanschlag auf Alfonso und über Raymonds Verhaftung sprechen wollte.

Der sensible Museumsbau am Mönchsberg wurde von Scheinwerfern angestrahlt. „Der gesamte Außenbau ist mit Untersberger Marmor verkleidet und durch vertikale Fugen gegliedert. Das Notensystem einiger Arien aus der Mozartoper „Don Giovanni" ist durch ein erstmalig eingesetztes Computerprogramm der Fassade in Form von entsprechend rhythmisiert gesetzten Schlitzen eingeschrieben", las Lisa in dem Museumsprospekt. Sie nahm sich vor tagsüber wiederzukommen, um sich das Museum Moderner Kunst auch von innen anzusehen.
„Das Restaurant wurde von Matteo Thun mit ca. 190 Sitzplätzen und einer großen Terrasse mit Blick auf die Stadt ausgestattet", las Lisa weiter. Obwohl sie keinen Appetit hatte, studierte sie die Speisekarte, entdeckte sogar Nierndln. Da sie Innereien liebte, nahm sie sich vor, demnächst mit Pierre ins „m32" Essen zu gehen.
In diesem Augenblick hatte Brigitta ihren großen Auftritt. Lisa wusste, dass sie es war, obwohl sie ihr den Rücken zukehrte. Ihr hysterisches Gelächter übertönte selbst die Musik.
Erst nachdem diese Walküre die meisten der männlichen Gäste abgeknutscht hatte, kam sie mit Oscar im Schlepptau zu Lisa an

die Theke.
„Ist das nicht ein irres Lokal? Très chic, würde Doktor Marc sagen. Der Besitzer ist ein echt cooler Typ. Vielleicht sagt dir der Name Schellhorn sogar was. Das Café Spoon, neben dem „Triangel", gehört auch ihm. Ebenfalls ein geiler Schuppen. Warst du schon dort?"
Lisa kam nicht einmal dazu zu nicken.
„Schau dir diese verrückte Installation an der Decke an", quasselte Brigitta weiter.
Lisa hatte die vielen Geweihe, die von der rot gestrichenen Decke herunterhingen, zuerst schon amüsiert betrachtet.
„War echt an der Zeit, dass sie dieses miefige Café Winkler abgerissen haben..."
Brigittas Geschwafel war wegen der lauten Musik nur zum Teil verständlich. „Stammgäste zahlen für den Businesslunch nur 10 Euro und keinen Cent für den Lift... Hab heute Mittag eine tolle Ingwer-Lauchsuppe und ein Paprikahenderl mit Gnocchi und Paradeisersalat gegessen. Echt köstlich!"
Sie leidet eindeutig unter Logorrhö, dachte Lisa und unterbrach Brigitta unwirsch: „Wo warst du eigentlich während der „Don Giovanni"-Premiere? Vor oder hinter der Bühne?"
„Ich saß ganz hinten mit ein paar Freunden."
Die Antwort war rasch erfolgt. Zu rasch, fand Lisa.
„Hab das ganze Drama mit meinem Operngucker verfolgt." Brigitta begann herzzerreißend zu schluchzen.
Oscar starrte die beiden Frauen entsetzt an. Plötzlich fing er am ganzen Körper zu zittern an und sagte mit schriller, kippender Stimme: „Lass Brigitta in Ruhe! Du tust ihr weh. Sie hat Alfonso geliebt."
„Sei ruhig, Oscar". Brigitta wischte sich die Tränen aus den Augen. „Bestell uns lieber was zum Trinken. Ich möchte Champagner. Was nimmst du?", fragte sie Lisa.
„Ein Achtel Weiß."
Oscar schien nicht fähig zu sein, die Wünsche der beiden weiterzugeben. Er zitterte so sehr, dass Lisa ihn am liebsten in die Arme genommen hätte.
Auf einmal kippte er um. Schaum trat vor seinen Mund.
„Ist ein Arzt hier?" schrie Lisa.
Das Lokal war brechend voll. Doch auf einmal war genügend Platz für den armen Oscar und einen grauhaarigen Mann, der sich über ihn beugte.
Lisa griff nach ihrem Handy, wollte den Notarzt rufen.
„Lass das", fauchte Brigitta sie an. „Er hat wieder mal einen epileptischen Anfall."
Der Grauschopf bestätigte ihre Diagnose.
„Beruhigen Sie sich bitte", sagte er zu Lisa, die neben Oscar am Boden kniete. „Meist sind solche Anfälle nicht so schlimm, wie sie aussehen."

Er brachte Oscar geschickt in Seitenlage, um seine Atemwege freizuhalten und erklärte Lisa mit sanfter Stimme: „Der Anfall dauert nicht lange. Sie brauchen keine Angst um ihn zu haben."

„Soll ich die Rettung rufen oder schaffen Sie es mit einem Taxi nach Hause?“ fragte er dann Oscar, als dieser wieder ansprechbar war. „Vielleicht sollten Sie ihn begleiten?“, sagte er zu Brigitta.
„Er schafft das allein“, sagte sie und strahlte den guten Samariter verführerisch an.
Lisa war entsetzt über ihre Kälte.
Nachdem sie Oscar mit Hilfe des Grauhaarigen in ein Taxi verfrachtet hatten, reichte der mittelgroße, schlanke, etwa 45jährige Mann Lisa die Hand und stellte sich höflich vor: „Manfredo Capone. Freue mich, Sie kennen zu lernen.“
Lisa fiel fast in Ohnmacht. Sie hatte den weltberühmten Tenor bei der schummrigen Beleuchtung nicht gleich erkannt.
„Lisa Mozzato“, flüsterte sie verlegen.
„Oh, eine Landsmännin!“ Er strahlte sie begeistert an.
Brigitta streckte ihm statt ihr die Hand hin und fragte: „Wieso kennen Sie sich mit Epileptikern so gut aus?“
„Meine Mutter war Epileptikerin“, sagte er, wandte sich aber gleich wieder an Lisa: „Möchten Sie nach diesem Schock vielleicht einen kleinen Schnaps trinken?“
So schnell gab Brigitta nicht auf. Sie erzählte Manfredo, dass ihr armer Freund und Ex-Studienkollege, drogensüchtig und momentan eben auf Entzug sei und deshalb epileptische Anfälle bekäme, wenn er sich aufregte. „Er flippt dauernd aus. Hält keine Stresssituation aus. Man darf sein eigenartiges Benehmen und seine Anfälle nicht ernst nehmen...“
„Ein epileptischer Anfall ist sehr wohl ernst zu nehmen. Ist er in Behandlung?“, fragte Manfredo und sah dabei Lisa an.
„Er hat die letzten Monate in der Psychiatrie verbracht. That‘s it. Ich weiß nicht, warum wir jetzt so ein großes Theater um ihn machen. Er wird es schon schaffen.“ Brigitta prostete Manfredo zu.
Er ignorierte sie, redete weiter mit Lisa, fragte sie, aus welcher Gegend in Italien sie käme. Lisa erklärte ihm kurz ihre komplizierten familiären Verhältnisse. Und bald waren die beiden in ein sehr persönliches Gespräch vertieft.
Plötzlich wurde Lisa von hinten umarmt. Sie zuckte zusammen, drehte sich verwirrt um.
„Hallo Prinzessin“, sagte Alexander und küsste sie auf den Mund.
Lisa stieß ihn weg.
Manfredo sah sie fragend an.
„Das ist Alex. Ich weiß nicht einmal seinen Nachnamen“, sagte sie rasch.
„Manfredo Capone.“ Der Tenor streckte Alex seine Hand hin.
„Wir kennen uns“, sagte Alex.
Wie sich bald herausstellte, kannte natürlich Alex den berühmten Sänger, während dieser sich nicht erinnern konnte, ihm jemals vorgestellt worden zu sein.

Lisa fühlte sich durch Alex` aufdringliches Benehmen peinlich berührt.
„Ich muss mir die Nase pudern“, sagte Brigitta, die von Alex nicht einmal gegrüßt worden war, scheinbar vergnügt.
Als sie nach einer Viertelstunde nicht zurück war, ging auch Lisa auf die Toilette. „Vielleicht ist ihr schlecht geworden, sie hat ihren Champagner sehr schnell hinuntergekippt“, sagte sie entschuldigend zu den beiden Männern.
Brigitta saß wie ein Häufchen Elend am Boden des Waschraums und heulte bitterlich. Ungeschickt versuchte Lisa sie zu trösten:

„Steh auf, du versaust dir ja dein tolles Kleid."
„Lass mich in Ruhe", fauchte Brigitta und schnäuzte sich lautstark ins Klopapier.
„Dieses Schwein", schluchzte sie. „Wir waren über zehn Jahre zusammen, eigentlich waren wir seit unserer Studienzeit ein Paar, mit einigen längeren Pausen halt."
„Du sprichst von Alex?"
Brigitta nickte heftig. „Arschloch...."
Lisa ließ sie weiter schimpfen, bestand aber darauf, dass sie aufstand. „Jetzt wasch dich und renovier dich ein bisschen. Dann gehen wir gemeinsam wieder hinein. Bitte, reiß dich zusammen. Der Typ freut sich doch nur, wenn er sieht, wie fertig du wegen ihm bist."

Als sie nach einer Weile an die Theke zurückkehrten, war Alex zum Glück verschwunden.
Manfredo, der brav auf Lisa gewartet hatte, überfiel sie mit einem Redeschwall. Sie hatte keine Chance mehr, sich weiter um Brigitta zu kümmern, bemerkte nicht einmal ihren Abgang.
Lisa, die sich einbildete in Raymond verliebt zu sein, tat sich schwer mit Manfredos Annäherungsversuchen. Er verstand es jedoch, einer Frau schön zu tun. Seine Bewunderung war so offen, so unverblümt. Außerdem war er viel charmanter als Raymond. Als er sie zu einem Candle Light Dinner im Schloß Hellbrunn einlud, lehnte sie aber energisch ab. Er gab ihr trotzdem seine Telefonnummer und fragte, in welchem Hotel sie abgestiegen war.
Die Bar im „m32" hatte in der Festspielzeit bis 4 Uhr früh geöffnet. Lisa hatte nicht vor, sich die Nacht um die Ohren zu schlagen. Als Manfredo auf die Toilette ging, machte sie sich rasch aus dem Staub. Sie hatte Angst, seinen Verführungskünsten sonst doch noch zu erliegen.

Hotel Schloss Fuschl – Restaurant Imperial

Rotbarbe mit Fenchel, Fenchelragout und Fenchel-Parmesan-Nudeln

Ragout für Fenchel Sorbet
Zutaten:
gestieftelte schwarze Oliven
gestieftelte Zitronenfilets
gehackte Bergamotten Schale
1 EL Pistou, 1 Schuss Läuterzucker

Zubereitung:
Die gesamten Zutaten zusammenmischen, in Gläser füllen und ziehen lassen.

Rotbarbe
Zubereitung:
Die Rotbarbenfilets (pro Person 1 Filet) in Erdnussöl kurz bei hoher Hitze knusprig braten und mit Maldon Sea Salt würzen.

Baby Fenchelsalat
Zutaten:
ca. 4 Baby-Fenchel
weißer Balsamico, weißer Pfeffer
Olivenöl, brauner Zucker
fein gehackte Oliven
feine rote Paprikawürfel

Zubereitung:
Den Baby-Fenchel mit der Wurstschneidmaschine fein hobeln und einsalzen, mit weißem Balsamico, weißem Pfeffer, Olivenöl, braunem Zucker, Olivenwürfeln und Paprikawürfeln abschmecken und lauwarm servieren.

Sherryessig-Bergamotte-Pistou:
Zutaten:
2 EL Fudas
17,5 g Palmzucker
55 g fein geschnittener Fenchel
7 g schwarze Oliven
6 g Fenchelsamen
100 g Noilly Prat
80 g Absinth, 150 g Sherry
25 g Pernod
250 g Muschelfond, 200 g Geflügelfond
Schale von 1/4 Bergamotte
5 g Power, 6 g Maldon Sea Salt
35 g Sherryessig PX
Limettensaft

Zubereitung:
Den Fudas gemeinsam mit dem Palmzucker karamellisieren, den fein geschnittenen Fenchel, die schwarzen Oliven und die Fenchelsamen dazugeben und kurz mitschwitzen lassen, mit Noilly Prat, Absinth, Sherry und Pernod ablöschen und auf die Hälft einreduzieren lassen. Den Muschel- und Geflügelfond sowie die Bergamotte-Schale dazugeben und anreduzieren. Den Power, das Sea Salt, den Sherryessig und den Limettensaft beifügen und 10 Minuten ziehen lassen. Zum Schluss fein passieren.

Fenchelragout
Zutaten:
2,6 l frischer Fenchelsaft
3 g Fenchelsamen, 1,2 kg Fenchelwürfel
370 g Weißwein, 90 g Pernod
10 g Meersalz, 40 g Zitronensaft

Zubereitung:
Den Fenchelsaft mit den Fenchelkörner aufkochen lassen und ein wenig ziehen lassen, danach abseihen und auf die Hälfte reduzieren lassen. Weißwein, Pernod, Meersalz und Zitronensaft dazugeben, dann die Fenchelwürfel dazugeben und fertig (bissfest) köcheln lassen. Beim Schicken noch etwas Pernod dazugeben.

Fenchel-Parmesan Nudeln
Zutaten:
2 l Wasser, 500 g geriebener Parmesan
40 g Schlagobers, 60 g Olivenöl
5 g Fenchelsamen, 14 g Agar Agar

Zubereitung:
Das Wasser aufkochen, den Parmesan, das Olivenöl und die Fenchelsamen zugeben, aufkochen und zugedeckt 5 Stunden ziehen lassen. Danach abseihen und über Nacht auskühlen lassen und wiederum abseihen. Das Agar Agar einrühren, einmal richtig aufkochen und abkühlen lassen. Für die Ausarbeitung die Masse mit dem Schlagobers erwärmen, in Infusionsschläuche füllen, diese in kaltes Wasser legen und auskühlen lassen, mit einer iSi-Flasche die gestockte Masse aus den Schläuchen blasen und auf einem Teller spiralförmig aufdrehen und unter der Wärmelampe temperieren.

Absinte
Zutaten:
30 g Absinte
60 g Aqua Panna Mineralwasser

Zubereitung:
Den Absinte mit dem Mineralwasser mischen und kalt servieren.

Fenchel-Sorbet
Zutaten:
500 g frischer Fenchelsaft
150 g reduzierter Fenchelsaft (300 g Fenchelsaft mit 1 EL Honig auf die Hälte reduzieren)
400 g Wasser, 90 g Glucosesirup
120 g Zucker, 6 g Pectagel rose
Saft von 1 Limette, Fleur de sel
1/2 TL Bergamottenkonzentrat
1 EL Pistou, Schale von 1/2 Bergamotte

Zubereitung:
Den frischen und den reduzierten Fenchelsaft gemeinsam mit dem Wasser, dem

Glucosesirup, dem Zucker und Pectagel rose gut vermischen. Mit dem Limettensaft, Fleur de sel, Bergamottenkonzentrat, Pistou und der Bergamotten-Schale abschmecken und – falls vorhanden – im Pakojetbecher gefrieren. Sollten Sie keinen Pakojet zuhause haben, können Sie das Sorbet auch in einer Schüssel im Gefrierschrank gefrieren, dabei immer wieder gut durchmischen.

Anrichten:
Die Fenchel-Parmesan-Nudeln auf einem Teller spiralförmig anrichten, in die Mitte das Ragout geben, darauf das Rotbarben-Filet legen und mit Baby-Fenchelsalat anrichten. Dazu in einem Glas das Fenchel-Sorbet reichen, in eine Schüssel etwas von dem Pistou mit den Einlagen geben. Zusätzlich ein Glas Absinte reichen.

TIPP!
Maldon Sea Salt:
Küchenchefs und Gourmets wissen: Salz ist nicht gleich Salz. Während normales Salz oft körnig auf der Zunge liegt und einen leicht bitteren Geschmack hinterlässt, ist Maldon Sea Salt viel milder und geschmacksintensiver. Die charakteristischen, pyramidenförmigen Salzkristalle sind hauchdünn und lassen sich zum Würzen ganz einfach zwischen den Fingern zerreiben. Und während anderen Salzsorten Antiklumpmittel beigefügt werden, finden sich im Maldon Sea Salt nur reine Meerwasser-Spurenelemente. Gewonnen wird das kostbare Salz von der Maldon Sea Salt Company, der einzigen Salzgewinnungsfirma Englands. Der kleine Familienbetrieb verarbeitet und vertreibt das Salz seit 1882. Maldon Sea Salt ist nur in beschränkten Mengen verfügbar.

Kaiserschmarrn

Zutaten:
250 g Milch
4 Eidotter
120 g Mehl
Salz, Rum, Zitronenschale
4 Eiweiß
50 g Zucker

Zubereitung:
Die Milch, Eidotter, Mehl, Salz, Rum und die Zitronenschale glatt rühren.
Die Eiweiß mit dem Zucker aufschlagen und unter die Mehlmasse rühren.
Eine heiße Pfanne mit Butter vorbereiten. Den Teig in die Pfanne geben und von beiden Seiten goldbraun backen. Anschließend den Teig in grobe Stücke „reißen" und heiß servieren.
Hervorragen passt hierzu ein selbstgemachter „Zwetschkenröster".

TIPP!
Der Teig wird luftiger, wenn man ihn in der Pfanne im Rohr bäckt.

Lauwarmer Oktopus mit mariniertem Spargel auf Rucola

Zutaten:
1,5 kg Oktopus
Wurzelwerk
1 Schuss Essig
8 Stangen weißer Spargel
12 Kirschtomaten
Butter
Rucola
Olivenöl
Balsamico-Essig
Salz & Pfeffer

Zubereitung:
Den Oktopus gut waschen und mit dem Wurzelwerk ca. 1 Stunde in einem Topf mit Wasser und einem Schuss Essig kochen, danach aus dem Wasser nehmen und die „Füße" des Oktopus in ca. 4 cm große Stücke schneiden, nur diese werden verwendet.
Den Spargel schälen und in leicht gesalzenem Wasser mit einer Prise Zucker nicht zu weich kochen, aus dem Wasser nehmen und in ca. 4 cm große Stücke schneiden. In einer Pfanne etwas Butter erhitzen und darin die Oktopus- Stücke sowie die Kirschtomaten leicht erwärmen.
Auf einem Teller den grob geschnittenen Rucola, darauf den lauwarmen Oktopus, den Spargel und die halbierten Kirschtomaten anrichten und mit Olivenöl, Balsamico-Essig und Salz und Pfeffer abschmecken.

Schwarze Nudeln mit Wolfsbarschfilet und Lachs in Krebsrahmsauce

Zutaten:
400 g schwarze Nudeln
4 Lachssteaks á 100 g
4 Wolfsbarschfilets á 100 g
8 Krebsschwänze
62,5 ml Krebsenfond
250 ml Schlagobers
62,5 ml Cognac
1 EL Tomatenmark, Butter

Zubereitung:
In einer Pfanne etwas Butter schmelzen und die Lachssteaks sowie die Wolfsbarschfilets auf der Hautseite anbraten, nach einigen Minuten umdrehen und auf der anderen Seite anbraten, die Krebsschwänze dazugeben. Solange in der Pfanne lassen bis die Fische und die Krebsschwänze gar sind, danach die Pfanne von der Herdplatte nehmen und warm stellen.
In einem Topf etwas Butter schmelzen, den Krebsenfond, den Cognac sowie das Tomatenmark dazugeben und kurz aufkochen lassen, zum Schluss den Schlagobers dazugeben und mit dem Stabmixer aufschäumen.
In der Zwischenzeit die schwarzen Nudeln al dente kochen.
Zum Anrichten die schwarzen Nudeln in einem tiefen Teller anrichten, etwas von der aufgeschäumten Sauce darüber geben und jeweils ein Lachssteak, ein Wolfsbarschfilet und 2 Krebsschwänze darauf legen. Mit frischer Kresse dekorieren und servieren.

Gnocchi mit Birne und Mandeln in Schokoladensauce und Vanilleeis

Zutaten:
2 Birnen
3 EL Zucker
3 EL Mandelsplitter
Butter
Zimt
ca. 24 Gnocchi
1 Schuss Amaretto
4 Kugeln Vanilleeis

Zubereitung:
In einer Pfanne etwas Butter schmelzen, den Zucker dazugeben und karamellisieren, nun mit Amaretto ablöschen und die in Spalten geschnittenen Birnen dazugeben, gut durchschwenken. Die Mandelsplitter und die Gnocchi beifügen und erwärmen, zum Schluss mit Zimt abschmecken.
Auf einem Teller die Gnocchi-Birnen verteilen, in die Mitte eine Kugel Vanilleeis setzen und mit Schokoladensauce und Zimt dekorieren.

Hortobagyer Palatschinken

Zutaten:
2 Hühnerkeulen
1 Hühnerbrust
1 weiße Zwiebel
2 Knoblauchzehen
1 EL Tomatenmark
Salz
Majoran
2 EL rotes Paprikapulver
3 EL Olivenöl
100 ml Weißwein
nach Bedarf etwas Chilli
150 ml Sauerrahm

Zubereitung:
Die Hühnerkeulen und –brust in einer Pfanne mit Öl auf beiden Seiten scharf anbraten, mit dem Weißwein ablöschen, den würfelig geschnittenen Zwiebel, den fein gehackten Knoblauch, das Tomatenmark und das Paprikapulver dazugeben, mit Salz und Majoran würzen und 45 Minuten köcheln lassen.
Danach kurz auskühlen lassen, das Fleisch herausnehmen und von den Knochen befreien, in die Sauce den Sauerrahm rühren und mit dem Stabmixer einmal durchpürieren. 250 ml der Sauce extra in einen Becher geben.
In die restliche Sauce das Fleisch geben und nochmals pürieren.
Die Masse in insgesamt 8 Stück Palatschinken füllen und zusammenrollen, in eine feuerfeste Form schlichten und mit der zur Seite gestellten Sauce übergießen. Im Ofen bei 160°C 20 Minuten backen.

Bachsaibling mit Spargel

Zutaten:
2 Bachsaiblingfilets
grüner Spargel
weißer Spargel
2 Tomaten
Knoblauch mit Schale
Thymian
Rosmarin
Koriander
Basilikum

Zubereitung:
Den Spargel schälen und in Salz-Zuckerwasser kochen, danach rautenförmig zuschneiden. Die Tomaten in Salzwasser blanchieren, in Eiswasser abschrecken, enthäuten und das Fruchtfleisch in Würfel schneiden.
Die Saiblingsfilet in Olivenöl, Knoblauch und den Kräutern braten.
Den in Rauten geschnittenen Spargel mit einem Teil des Spargelfonds aufkochen und mit Butter und Kräutern vollenden. Kurz bevor der Spargel fertig ist, die Tomaten hinzufügen.

TIPP!
Servieren Sie dazu Gnocchi - Rezept finden Sie im Buch „Geheimes Florenz".

Kalbsnierndln mit Kartoffelpüree

Zutaten Kalbsnierndl:
1 Kalbsniere mit Fett (küchenfertig)
1 Essiggurkerl
2 cl Madeira
2 Stück Knoblauch (feinwürfelig)
2 Stück Schalotten (feinwürfelig)
Gemüsefond
Dijonsenf
Öl und Butter

Zubereitung:
In einer Pfanne den Knoblauch und die Schalotten in Öl und Butter ansautierten, die in Streifen geschnittenen Nieren dazugeben und anbraten bis diese goldbraun sind, danach mit Gemüsefond und Madeira ablöschen. Das Essiggurkerl würfelig schneiden und dazugeben. Zum Schluss mit einem Stück kalter Butter sowie Dijonsenf abschmecken.

Zutaten Kartoffelpüree:
5 große mehlige Kartoffeln
150 ml Milch
50 g Butter
Salz
Muskat

Zubereitung:
Die Kartoffeln schälen und in Salzwasser gar kochen. Das Wasser abseihen und die Kartoffeln in einen Topf pressen, unter Zugabe von lauwarmer Milch und Butter zu einem Püree verarbeiten. Nach Belieben mit Salz, Pfeffer und Muskat würzen.

Marillenknödel

<u>Zutaten:</u>
2 Dotter
62,5 g Butter
250 g Topfen
150 g Mehl
Marillen
Würfelzucker
Semmelbrösel

<u>Zubereitung:</u>
In einer Schüssel die Butter schaumig rühren, die Dotter unter kräftigem Rühren hinzufügen, danach den Topfen zugeben. Nach und nach Mehl und Salz einmengen, bis ein glatter Teig entsteht. Den Teig ca. 30 Minuten im Kühlschrank rasten lassen.
In der Zwischenzeit die Marillen entkernen und mit je einem Stück Würfelzucker füllen.
Nach der Rastzeit jede Marille mit Teig umhüllen, dabei die Hände in bereitgestelltes Mehl tauchen. Die Knödel vorsichtig15 bis 20 Minuten in Salzwasser garen.
Während die Knödel gar werden, die Brösel in wenig Butter rösten und die fertigen Knödel darin wälzen.
Mit Staubzucker pudern und servieren.

Gegründet
1591

Kapitel 4

Bevor Lisa am Dienstagvormittag mit Pierre zur Festung Hohensalzburg aufbrach, bat sie ihn, bei einer Apotheke vorbeizuschauen. Sie hatte schreckliche Kopfschmerzen. Kein Wunder nach den unzähligen Drinks gestern Abend, dachte sie. Vor der Alten Fürsterzbischöflichen Hofapotheke begegnete ihnen Oscar. Auch er sah leidend aus, hatte dunkle Ringe unter seinen bernsteinfarbenen Augen und war auffallend bleich.

Lisa fragte ihn, wie er gestern Nacht zurechtgekommen wäre und ob er sich heute besser fühlen würde.

Oscar murmelte etwas Unverständliches und ging einfach weiter.

Eine Gruppe Japaner diskutierte eifrig mit der jungen hübschen Apothekerin und ihren Angestellten. Es ging um das Fotografierverbot. Lisa konnte verstehen, dass dieses fast sakral anmutende alte Gewölbe ein unwiderstehliches Motiv für die leidenschaftlichen Fotografen aus dem Fernen Osten war. Als die Diskussion nicht enden wollte, drängte sie sich nach vorn und verlangte eine Großpackung Aspirin, obwohl Pierre ihr ein anderes Medikament empfohlen hatte. Doch sie schwor nun einmal auf Aspirin als Allheilmittel gegen Kopfschmerzen und Schmerzen aller Art.

Pierre ließ sie schmunzelnd gewähren.

Anschließend fuhren sie mit dem Lift hinauf zur größten Burganlage Europas, die seit dem 11. Jahrhundert majestätisch über den Türmen und Dächern der Stadt thronte. In den Burghöfen begegneten ihnen viele Leute mit Mappen, Bildern oder gar Staffeleien unterm Arm.

„Hier findet auch heuer wieder die Salzburger Sommerakademie für bildende Kunst statt", sagte Pierre. „Oskar Kokoschka hat 1953, gemeinsam mit dem Galeristen Welz, diese „Schule des Sehens" gegründet und seither treffen sich hier jeden Sommer Künstler und ambitionierte Hobbymaler aus aller Welt."

Lisa war in Gedanken woanders. Schließlich erzählte sie Pierre von ihrem Zusammentreffen mit Manfredo Capone.

Pierre wurde nachdenklich. Nach einer Weile versuchte er, sie über ihre Gefühle für seinen Neffen auszufragen.

Lisa, die sich mit ihren Gefühlen momentan selbst nichts so richtig auskannte, wechselte rasch wieder das Thema.

Sie gingen den idyllischen Weg hinunter und kehrten zu Mittag im „Weissen Kreuz" am Fuße des Festungsberges ein.

Der Himmel war bewölkt, es war unerträglich schwül. Sie setzten sich in den Gastgarten und bestellten zwei Halbe Bier.

„Das „Weisse Kreuz" ist das beste Balkanrestaurant der Stadt", sagte Pierre. „Hier könntest du vielleicht Glück haben. Der Besitzer Roland Gruber hat acht Zimmer in venezianischem Stil eingerichtet. Ich hab mal in dem roten Eckzimmer dort oben gewohnt."

Lisa hatte die Suite im Hotel Stein für drei Nächte bekommen. Da sie vorhatte, ein paar Tage länger als geplant in Salzburg zu bleiben, fragte sie in jedem Gasthof, den sie besuchte, ob sie ein freies Zimmer hätten. Offiziell war ganz Salzburg ausgebucht.

Sie hatten eine Balkanplatte bestellt, schafften es aber beim besten Willen nicht, das viele Fleisch aufzuessen. Lisa kostete jedoch jede der fünf verschiedenen Spezialitäten. Als sie die Pljeskavica durchschnitt, um sie mit Pierre zu teilen, lief der warme Schafskäse heraus. Er schmeckte so fantastisch zu dem mediterran gewürzten Faschierten, dass sie Pierre die kleinere Hälfte von der Pljeskavica gab.

Während des Essens erhielt Pierre einen Anruf. Er entschuldigte sich und entfernte sich ein paar Schritte. Als er an den Tisch zurückkehrte, strahlte er über das ganze Gesicht. „Es gibt ausgezeichnete Nachrichten von Raymonds Anwalt. Der Junge wird nachmittags wieder auf freien Fuß gesetzt."
Sie freute sich mit ihm.
Mike, der Kellner, empfahl ihnen als Nachtisch die gebackenen Apfelradl mit Vanilleeis in der „Andi Hofer". „Dort sollten Sie unbedingt mal vorbeischauen. Auch die Kaspressknödel sind Spitze", schwärmte er.
„Das Restaurant in der „Goldenen Ente", das „Weisse Kreuz" und die „Andi Hofer" gehören demselben Besitzer", sagte Pierre, als Lisa sich darüber wunderte, dass der Kellner das Essen bei der Konkurrenz so lobte. „In die „Goldene Ente" müssen wir demnächst auch unbedingt mal. Allerdings bin ich mir nicht sicher, ob Raymond mitkommen wird. Letztes Mal bestellte er dort einen Knurrhahn und beschwerte sich dann, als er einen Fisch serviert bekam. ‚Ich habe ein Hendl bestellt', sagte er empört. Gregor und ich konnten uns vor lauter Lachen nicht mehr einkriegen. Der Kellner besaß einen ähnlichen Humor wie wir. Als er mir meine Ente mit Rotkraut servierte, beteuerte er, dass dies ein sehr exotischer Fisch sei, der nur wie ein geflügeltes Tier aussehen würde. Raymond fand diese Bemerkung weniger witzig. Leider zählt Selbstironie nicht zu den Stärken meines Neffen."
Nachdem sie sich für die „Jedermann"-Vorstellung umgezogen hatten, spazierten sie am späten Nachmittag gemeinsam durch die Altstadt Richtung Domplatz.
Als sie beim Großen Festspielhaus am Herbert-von-Karajan-Platz vorbei gingen, sagte Pierre: „Über zwanzig Jahre war Herbert von Karajan der uneingeschränkte Regent der Salzburger Festspiele. Er bestimmte nicht nur, welche Musiker eingeladen und welche Opern aufgeführt wurden, sondern gründete auch die Salzburger Osterfestspiele und die Salzburger Pfingstkonzerte. Und er galt sogar als heimlicher Bauherr des Großen Festspielhauses. Sie haben die 100 Meter lange und 22 Meter breite Bühne, die zu den größten Opernbühnen der Welt zählt, direkt in den Mönchsberg `reingesprengt."
„Was machen die vielen Leute dort oben?" Lisa zeigte auf eine Terrasse neben dem Neutor.
„Die Statisten gehen immer auf diese Terrasse, um frische Luft zu schnappen, atmen aber dann natürlich die Auspuffgase der Autos ein, die aus dem schwarzen Schlund herauskommen."
Lisa lachte.
„Von dem Felsen oberhalb des Neutors, in dem sich die Altstadt-Garage befindet, stürzen sich oft Lebensmüde", sagte Pierre.
Das Lachen blieb Lisa im Hals stecken.
Sie näherten sich dem Domplatz. Als sie auf die Marienstatue zur unbefleckten Empfängnis, vor der die Zuschauertribüne aufgebaut war, zugingen, fiel Lisa auf, dass Maria von zwei pausbäckigen Engeln an der Fassade des Dom mit einer goldenen Krone ausgestattet wurde. Fast ehrfürchtig blieb sie stehen und machte dann ein paar Schritte nach vor und wieder zurück. Es war keine Fata Morgana, Maria wurde tatsächlich gekrönt – von einem gewissen Blickwinkel aus. Sie machte Pierre darauf aufmerksam. Er nickte lächelnd. „Schau dir auch die pustenden Engel bei den beiden Uhren genauer an. Sie blasen den katholischen Glauben in die Welt hinaus", sagte er. Dann deutete er auf die Residenz zu ihrer Linken. „Wolf Dietrich von Raitenau wollte aus Salzburg das Deutsche Rom machen. Das Stadtbild wurde im 17. Jahrhundert durch die italienischen Baumeister Santino Solari und Gasparo Zugalli geprägt. Danach vor allem vom kaiserlichen Hofarchitekten Johann Bernhard Fischer von Erlach. Der Dom von Salzburg sollte nach Wolf Dietrichs Plänen genauso groß wie der Petersdom in Rom werden. Das Kirchenschiff ist nur 99

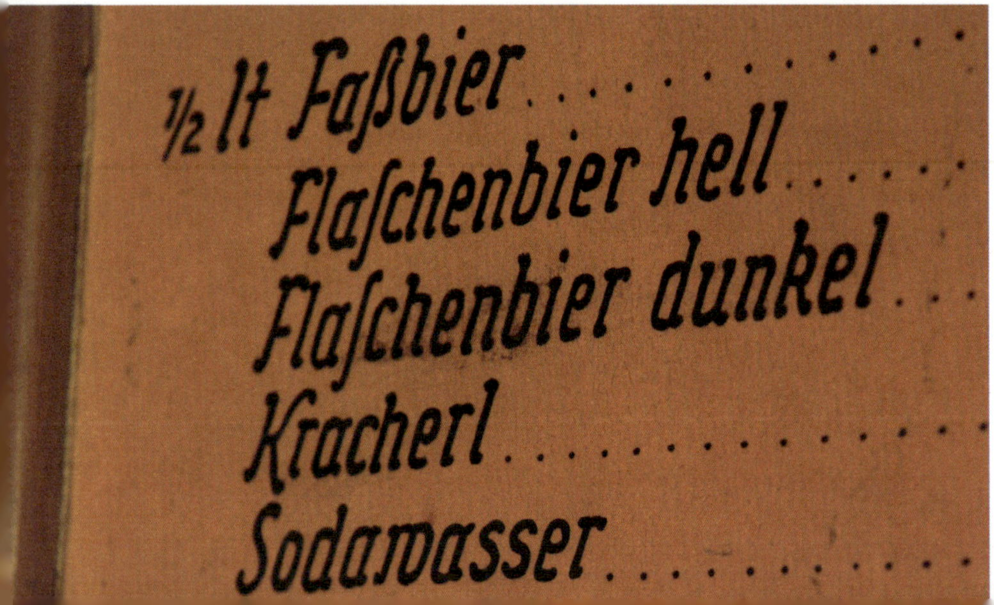

½ lt Faßbier
Flaschenbier hell
Flaschenbier dunkel
Kracherl
Sodawasser

Meter lang geworden, trotzdem ist dieses italienisches Baukunstwerk der Gegenreformation völlig überdimensioniert, wenn du mich fragst. Wahrscheinlich ließ der Fürsterzbischof sogar den alten romanischen Dom abfackeln, um sein Lebenswerk angehen zu können."
„Behauptest du, oder ist das erwiesen?", warf Lisa ein.
„Nein. Natürlich nicht. Aber ich könnte es mir gut vorstellen. Dieser hohe Herr war wahrscheinlich ziemlich größenwahnsinnig. Kein Wunder, dass ihn sein Neffe und Nachfolger, Fürsterzbischof Markus Sittikus in seinem Gefängnis in der Festung Hohensalzburg sterben ließ. Als Wolf Dietrich noch in der Burg Werfen gefangen war, ritzte er angeblich in die Mauern des Verlieses: ‚Alle Liebe führt zu Leid über kurz oder lang.' Er nahm wahrscheinlich zu Recht an, dass ihn der Papst in Rom für seinen Lebenswandel, vor allem für die Zeugung von fünfzehn Kindern, bestrafen ließ."
Lisa hörte ihm nicht mehr zu. Sie hatte soeben Raymond in der Menge entdeckt und lief zu ihm. Fiel ihm um den Hals und küsste ihn herzlich.
„Du musst mir unbedingt alles ganz genau erzählen! Was die Polizei dich gefragt hat, wie es in so einer Zelle aussieht, was du zu essen bekommen hast..."
„Versprochen, aber später...", sagte Raymond, der nun von anderen Freunden und Bekannten umringt wurde. Er ging mit ihnen nach hinten.
Lisa und Pierre nahmen ihre ausgezeichneten Plätze in der sechsten Reihe Mitte ein.
„Der „Jedermann" ist wohl Hugo von Hofmannsthal berühmtestes Werk. Es besitzt die Tiefe eines Mysterienspiels und hat auch Wurzeln in buddhistischen und hinduistischen Riten", erklärte Pierre ihr flüsternd, als das Spiel vom Sterben des reichen Mannes begann.
Lisa konnte den spektakulären Auftritt des Jedermann kaum mehr erwarten.
Allerdings war sie dann noch viel mehr vom Auftritt des Todes beeindruckt. Noch nie in ihrem Leben hatte sie so einen wohlproportionierten Mann gesehen. Der Schauspieler war fast nackt. Seine grauweiße Unterhose war ebenso bemalt wie sein vollkommener Oberkörper und seine schlanken, aber muskulösen Beine.
Als die Jedermann-Rufe von verschiedenen Seiten erklangen, riss Lisa den Kopf herum. „Wo stehen die?", fragte sie Pierre leise.
„Ihre Standorte sind geheim. Die Stimmen der Verdammten aus der Unterwelt, die Jedermann das Nahen des Todes ankündigen, werden übrigens technisch nicht verstärkt."
„Das heißt, die Leute müssen gute Lungen haben", flüsterte Lisa kichernd.
Kurz vor dem zweiten Auftritt des Todes erklangen die Jedermann-Rufe noch einmal.
In diesem Moment ertönten jedoch auch Schreie aus den hinteren Reihen.
Lisa war sich nicht sicher, ob diese Schreie ebenfalls zur Inszenierung gehörten, sprang aber so wie die meisten Besucher von ihrem Platz auf.
Ein immer lauter werdendes Raunen ging durch das Publikum. Es schien einen Unfall gegeben zu haben. Keiner wusste Genaueres.
Ein Mann in schwarzem Anzug betrat die Bühne, schnappte sich ein Mikro und bat die unruhige Menge um Ruhe. „Meine Herrschaften, bitte bleiben Sie auf Ihren Plätzen und warten Sie auf weitere Informationen. Die Vorstellung muss leider unterbrochen

werden."
Fast keiner hielt sich an die Aufforderung. Kaum hatten die Schauspieler die Bühne verlassen, begann ein Kreischen und Drängeln und Stossen, das sich fast zu einer Massenhysterie steigerte. Frauen fingen, offensichtlich ohne Grund, zu weinen an, Männer schrien oder versuchten, sich aggressiv den Weg frei zu boxen.
Piere zog Lisa auf ihren Platz zurück.
„Lass uns den ärgsten Trubel abwarten. Sonst werden wir womöglich niedergetrampelt."
Zum Glück hatten sie Plätze in der Mitte, trotzdem bekamen sie ein paar Tritte und Rippenstösse ab.
Plötzlich tauchte Raymonds kreidebleiches Gesicht am Ende ihrer Reihe auf. Er rief ihnen etwas zu.
Lisa verstand kein Wort.
„Einer der Jedermann-Rufer ist vom Turm der Franziskanerkirche gestürzt und auf der Franziskanergasse zerschellt", sagte er, als er näher kam. „Ich hab nur ein blutüberströmtes Gesicht und neben dem Kopf einen dunklen ekelhaften Haufen gesehen. Wahrscheinlich Gehirnmasse. Die Polizei hat sofort die ganze Umgebung abgesperrt. Ich fürchte, es handelt sich um Alexander. Er hat heute Mittag damit geprahlt, dass er völlig schwindelfrei sei und daher auserwählt wurde, vom höchsten Turm der Stadt seine Rufe erschallen zu lassen."
„Oh mein Gott", stöhnte Lisa.
Sie dachte unwillkürlich an Mord. Während für Pierre offensichtlich feststand, dass es ein Unfall gewesen sein musste.
Raymond beteiligte sich nicht an ihren Spekulationen. Er wirkte völlig aufgelöst, war den Tränen nahe.
Lisa versuchte vergeblich, ihn zu trösten. Er wies sie eher schroff zurück.
Alexander war, trotz seiner unmöglichen Art, ein alter Freund von ihm. Er wollte unbedingt Gewissheit haben und schlug sich noch einmal durch die aufgebrachten Besucherscharen. „Vielleicht war es Selbstmord", überlegte Pierre laut. „Die Suizidrate in Theaterkreisen ist ziemlich hoch. Künstler sind meist hypersensibel und vor allem narzisstisch gestört..."
Lisa seufzte. Ein dicker Kloß steckte in ihrem Hals.
„Bitte, Pierre, lass uns jetzt gehen. Das große Gedränge ist vorbei. Ich glaube, wir können es wagen", sagte sie und nahm seine Hand. Pierre brachte sie auf dem schnellsten Weg in ihr Hotel.
Manfredo hatte mehrmals angerufen und Nachrichten für Lisa hinterlassen. Sie hatte ihm ihre Handynummer nicht gegeben. Und sie rief ihn auch nicht zurück. Die beiden mysteriösen Unfälle beanspruchten ihre Nerven vollauf.
Sie versuchte sich auszuruhen, machte aber kein Auge zu.
Abends traf sie sich mit Pierre und Gregor von Paschinger im „maier's", das sich ein Haus von der Weinstube Andreas Hofer entfernt, in der Steingasse, befand.
Raymond, der eigentlich auch kommen hätte sollen, blieb dem Essen ohne Entschuldigung fern.
Mittlerweile wussten sie, dass es sich bei dem Toten tatsächlich um Alex handelte. Sie diskutierten den ganzen Abend lang über die möglichen Ursachen dieses tödlichen Unfalls oder Selbstmordes.
Die raffinierte Vorspeise, Ziegenkäse mit Berglinsenvinaigrette, Schmorparadeiser und Balsamicoglace, lenkte Lisa kurz von dem traurigen Ereignis ab. Pierre war hoch erfreut über seine Maishendlbrust mit frischen Kräutern, Polenta und Ratatouille. Auch Gregor schloss sich ihren Komplimenten für den Koch an. Nach diesem kulinarischen Höhepunkt verfielen jedoch alle drei wieder in

maiers

ENTRECOTE
nach
10 DKG

grüblerische Stimmung.
„Deinen Geburtstag feiern wir morgen beim „Strasserwirt", wenn es dir recht ist, Lisa", sagte Pierre. „Ich denke, heute Abend ist uns allen nicht nach Feiern zumute. Außerdem soll es Unglück bringen, wenn man am Vortag gratuliert – behaupten zumindest die Theaterleute." Nach dem Essen schaute Lisa auf einen Sprung allein in die „Andi Hofer" nebenan. Sie bestellte eine Flasche „Vendemmia" aus dem Chianti Classico. Auf der Rückseite der Flasche waren auf einem Schwarz-Weiß-Foto alle Mitarbeiter des Weinguts „Dievole" abgebildet. Da es schon nach Mitternacht war, stieß sie mit den italienischen Weinbauern auf dem Foto auf ihren dreißigsten Geburtstag an.
Die Steingasse war in Lisas Augen die hübscheste Gasse Salzburgs. Sie hatte gehört, dass hier früher der Rotlichtbezirk gewesen war und es auch heute noch das eine oder andere anrüchige Etablissement hier gäbe. Doch als sie gegen ein Uhr früh das Lokal verließ, wirkte die schwach beleuchtete Steingasse wie ausgestorben. Sie war anscheinend die einzige Nachtschwärmerin.
Plötzlich blendeten Scheinwerfer auf. Der Wagen näherte sich rasch. Er hatte sie mitten im Visier.
Lisa drückte sich an eine Hausmauer. Das Auto verfehlte sie nur knapp. Sie hörte die Reifen quietschen, als der Fahrer abbremste und zurücksetzte. Entweder war er betrunken oder er hatte es auf sie abgesehen.
Sie presste ihren schlanken Körper an eine verschlossene Eingangstür. Wieder verfehlte der Wagen sie um Haaresbreite.
Sie registrierte, dass es sich um ein rotes Cabrio handelte. Da das Verdeck geschlossen war, konnte sie nicht erkennen, ob ein Mann oder eine Frau hinter dem Steuer saß.
Lisa überlegte, ob sie zurück in die „Andi Hofer" laufen sollte. Ihre Chancen, die Weinstube unversehrt zu erreichen, standen schlecht. Die Gasse war so eng, dass er sie wohl oder übel irgendwann erwischen würde. Verzweifelt sah sie sich nach einem Lichtstrahl hinter den kleinen Fenstern der mittelalterlichen Häuser um.
Nichts als totale Finsternis.
Sie hatte keine Zeit, länger nachzudenken, rannte einfach los, und zwar direkt auf den Wagen zu. Das Klappern ihrer Absätze ging im Aufheulen des Motors unter. Er raste in höllischem Tempo, wie es ihr vorkam, auf sie zu. Im letzten Moment sprang sie zur Seite, schlug sich das Knie an einer Hauskante auf. Der Schmerz durchzuckte ihren ganzen Körper.
Ein stummer Schrei auf ihren Lippen, in ihren Augen die nackte Angst, lief sie weiter, lief so schnell sie konnte, drehte sich nicht nach dem Wagen um, sondern vertraute auf ihren Gehörsinn. Als das Motorengeräusch ganz nahe war, machte sie einen Riesensatz auf die andere Seite der Gasse. Ihr Arm streifte den Rückspiegel des Wagens, als er an ihr vorbeischoss. Sie drehte sich um, versuchte das Nummernschild zu entziffern, doch der Wagen bog nun links ab.
Sie war fast am Beginn der Steingasse bei dem großen Stein angelangt, der anzeigte, wie breit ein Fuhrwerk sein durfte, um bei noch engeren Stellen durchzukommen. Erleichtert atmete sie ein paar Mal tief durch.
Ihr Verfolger kehrte nicht zurück. Sie lief trotzdem weiter hinunter zum Kai und suchte Zuflucht im „2 Stein".
Unter all den ausgelassenen jungen Leuten fühlte sie sich relativ sicher. Trotzdem behielt sie die Eingangstür im Auge. Plötzlich bildete sie sich ein, Wolfgangs hübsches, bleiches Gesicht an der Theke zu sehen. Es war relativ dunkel in dieser überfüllten Schwulen-Bar. Als sie sich der Theke näherte, war der Mann, den sie für Wolfgang gehalten hatte, verschwunden.
Sie verzog sich in eine Ecke, rauchte eine Beruhigungszigarette und verließ dann das „2 Stein" wieder. Zum Glück waren es nur mehr ein paar Schritte bis zu ihrem Hotel.

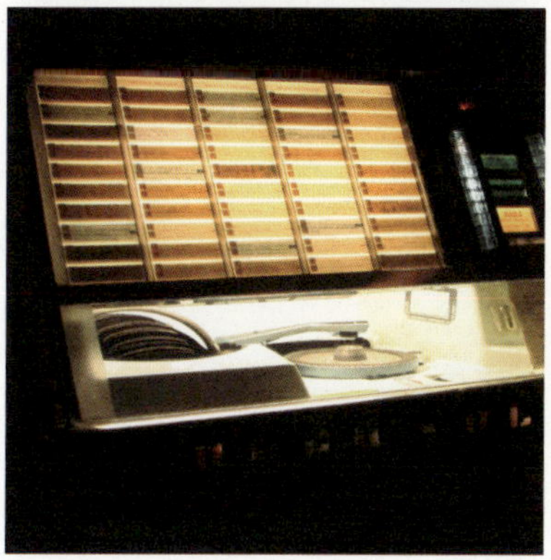

EINWURF
WÄHLE
MÜNZEN EINWERFEN
BUCHSTABEN – UND
ZAHLENTASTE DRÜCKEN

Balkanplatte

Zutaten für Djuvec:
500 g Paprikamix
250 g Tomaten
250 g Zwiebel
200 g gekochter Reis
Vegeta (Yugoslawisches Gewürz)

Zubereitung:
Die würfelig geschnittenen Zwiebel und Paprika in einer Pfanne mit Öl anschwitzen, danach die würfelig geschnittenen Tomaten und den Reis dazugeben und alles gut miteinander vermengen.

Zutaten für Rasnici, Cevapcici, Pljeskavica, Sarma:
700 g Schweinefilet
500 g Faschiertes (Lamm, Kalb oder Schwein)
1 Zwiebel
1 Kopf Sauerkraut
Schafkäse
1 roter Paprika
1 gelber Paprika
Salz & Pfeffer
Knoblauch

Zubereitung Cevapcici, Pljeskavica, Sarma:
Das Faschierte mit dem klein geschnittenen Zwiebel und dem klein geschnittenen Knoblauch vermengen, mit Salz und Pfeffer würzen und gut durchkneten.

Für die Cevapcici „Würstchen" mit einer Länge von ca. 8 cm und einem Durchmesser von ca. 1 cm formen.

Für die Pljescavica den Teig auf eine Dicke von ca. 7 mm und einen Durchmesser von ca. 20 cm glatt rollen, etwas Schafkäse in die Mitte geben und in der Hälfte zusammenklappen.

Die Zubereitung der Sarma verläuft gleich, nur muss zur Masse etwas Reis gegeben werden, dann mit dem Sauerkraut beliebig große Rouladen wickeln.

Zubereitung Rasnici:
Das Schweinefilet sowie die Paprika in Würfel schneiden und vorzugsweise auf Bambusspießchen aufstecken.

Nun die Pljeskavica, Cevapcici und Rasnici in Öl braten und die Sarma am besten in Tomatensoße etwas köcheln lassen.

Eventuell kann die Balkanplatte noch mit Kartoffelspalten ergänzt werden.

Mohnstrudel

Zutaten für Teig:
1 Packung Germ
1 EL Kristallzucker
500 g glattes Mehl
100 g Kristallzucker
Schale einer unbehandelten Zitrone
2 EL Rum
100 g Butter
250 ml Milch

Zutaten für Fülle:
ca. 750 ml Milch
180 g Kristallzucker
2 EL Honig
Zimt, Zimtstange
etwas Zitronenschale
60 g Brösel
200 g Mohn

Zubereitung Teig:
Den Germ in eine Rührschüssel geben und mit einem 1 EL Kristallzucker so lange verrühren, bis er sich völlig aufgelöst hat. Die Milch erwärmen (lauwarm) und mit dem Germ vermengen, die Butter schmelzen und der Masse beifügen, die Zitronenschale abreiben und mit dem Rum und dem Mehl ebenfalls dem Germ beigeben.
Nun alles mit einem Mixer (Knethaken) zu einem geschmeidigen Teig verarbeiten. Den Teig mit einem Tuch abdecken und an einem warmen Platz für 1/2 Stunde rasten lassen, sodass sich das Volumen verdoppelt.

Zubereitung Fülle:
Die Milch mit dem Honig, der Zitronenschale, dem Zucker, dem Rum, dem Zimt und der Zimtstange einmal aufkochen lassen, danach die Zimtstange herausnehmen. Den Mohn und die Brösel vorsichtig einfließen lassen und alles gut durchrühren.
Den Germteig nach der Ruhezeit nochmals kräftig durchkneten und auf einer bemehlten Arbeitsfläche zu einem ca. 1 cm dicken Rechteck ausrollen, die Mohnmasse gleichmäßig darauf verteilen, einrollen und flach drücken.
Mit einem versprudelten Ei bestreichen und im Ofen bei 180°C etwa 25 bis 30 Minuten dunkelbraun backen. Aus dem Ofen nehmen, auskühlen lassen und mit Staubzucker bestreuen.

Mit Vanilleeis und Schlagobers servieren.

Spanferkelbraten mit Krautsalat und Knödeln

Zutaten für Spanferkelbraten (6 Portionen):
2 kg Spanferkelbauch mit Knochen
3 Knoblauchzehen
500 ml Weißbier
Salz & Pfeffer
Kümmel ganz
Fenchelkörner
etwas Wasser

Zubereitung:
Das Fleisch mit Salz, Pfeffer, Kümmel, Fenchel und Knoblauch würzen und gut einreiben. Danach auf ein mit Wasser bedecktes Blech setzen und im Ofen bei 180°C ca. 80 Minuten garen. Etwa 20 Minuten vor Ende der Garzeit den Braten mit Weißbier ablöschen.

Zutaten für Knödel (6 Portionen):
250 g Knödelbrot
60 g Butter
60 g Zwiebeln
200 ml Milch
40 g griffiges Mehl
3 Eier
Salz
Petersilie

Zubereitung:
Die Butter schmelzen und die kleingeschnittene Zwiebel darin hell rösten. Die Eier mit der Milch gut verschlagen, salzen und über das Knödelbrot gießen. Alles gut vermengen und einige Minuten anziehen lassen. Danach das Mehl unterheben. Mit nassen Händen Knödel formen und in Salzwasser ca. 12 Minuten schwach wallend kochen.

Zutaten für Krautsalat (6 Portionen):
600 g Weißkraut (ohne Strunk und Außenblättern)
3 EL Apfelessig
6 EL Pflanzenöl
1 TL Kümmel ganz
Salz
etwas Wasser

Zubereitung:
Das Weißkraut halbieren und in feine Streifen hobeln oder schneiden. Mit Salz bestreuen, gut durchkneten, nach Möglichkeit 1 Stunde rasten lassen. Danach abpressen und das Wasser abgießen. Den Essig mit etwas Wasser und dem Kümmel aufkochen, über das Kraut gießen und gut mischen. Zum Schluss mit Öl verfeinern.

Kaspressknödel

Zutaten (5 Knödel):
130 g Knödelbrot
1/2 Zwiebel
130 g geriebener Bierkäse
250 ml Milch
2 Eier
60 g Mehl
Salz & Pfeffer
Petersilie
Muskat
1/2 feingehackte Knoblauchzehe

Zubereitung:
Die halbe Zwiebel fein hacken, in etwas Butter goldgelb anrösten und unter das Knödelbrot mischen. Den Käse mit dem Knödelbrot gut vermengen und mit Salz, Pfeffer, Petersilie, Muskat, Knoblauch (sparsam) und Petersilie würzen. Die Eier mit der Milch verrühren, in das Brot einarbeiten und kurze Zeit ziehen lassen. Zuletzt das Mehl beigeben. Aus dem Teig Laibchen formen, bei schwacher Hitze goldgelb herausbacken.

Die Knödel noch heiß in Rindsuppe oder zu Blattsalaten servieren.

Gebackene Apfelradeln mit Vanilleeis

Zutaten:
3 Äpfel (Golden Delicious oder Boskoop)
30 g Kristallzucker
1 TL Zimt
1 EL Rum
etwas Zitronensaft

Zutaten für Backteig:
200 g glattes Mehl
250 ml Mineralwasser (oder ev. Weißwein)
2 Eidotter
2 Eiklar
40 g Butter
1 Prise Salz

Zubereitung:
Die Äpfel schälen und entkernen, in Scheiben schneiden und mit Zucker, Zitronensaft und Zimt marinieren.
Danach im Backteig wenden und in 160°C heißem pflanzlichen Fett (z.B. Rapsöl) schwimmend herausbacken.
Die fertigen, heißen Apfelradel mit Staubzucker und Zimt bestreuen und am besten mit einer Kugel Vanilleeis servieren.

Ziegenkäse mit Berglinsenvinaigrette, Schmorparadeiser und Balsamicoglace

Zutaten:
4 Scheiben Ziegenkäse á 100 g
150 g Berglinsen
250 g Kirschtomaten
Olivenöl
Apfelessig
Dijon Senf
Thymianzweiglein
Salz & schwarzer Pfeffer
Balsamicoglace

Zubereitung:
Die Berglinsen ca. 20 Minuten in ungesalzenem Wasser bissfest garen und danach das Wasser abgießen. Aus dem Olivenöl, Apfelessig, Dijon Senf, Salz und schwarzem Pfeffer eine Vinaigrette anrühren und die noch lauwarmen Linsen darin marinieren und abschmecken.
Die Kirschtomaten in einem Bräter im Rohr bei 200°C mit Olivenöl und einem Thymianzweiglein ca. 10 Minuten schmoren. Die Ziegenkäsescheiben zu den Tomaten geben und kurz mitschmoren, bis der Käse leicht zu schmelzen beginnt.
Auf einem Teller je eine Scheibe Ziegenkäse auf den Linsen anrichten, die Schmorparadeiser dazugeben und mit Balsamicoglace umrahmen.

Wein-Tipp!
Zweigelt „Innere Bergen“ 2006, Weingut Zull, Schrattenthal, Weinviertel

Wein-Tipp zur Hauptspeise (rechte Seite)!
Rosza-Rosé 2007, Weingut Heiling, Halbturn, Burgenland

Maishendlbrust eingebraten mit frischen Kräutern, Polenta und Ratatouille

Zutaten für Polenta:
300 ml Rindsuppe, Butter, Muskat
100 g Polenta

Zubereitung:
In einem Topf die Rindsuppe mit etwas Butter und Muskat aufkochen. 100 g Polenta mit dem Schneebesen einrühren und ca. 20 Minuten auf kleiner Flamme unter ständigem Rühren köcheln lassen. Nun auf ein mit Backpapier ausgelegtes Blech streichen und auskühlen lassen. Zum Anrichten die erkaltete, feste Polenta in Rauten schneiden und in Olivenöl kurz anbraten.

Zutaten für Ratatouille:
1 mittelgroße Zwiebel, 1 roter Paprika, 1 gelber Paprika, 1 kleine Zucchini, 1 kleine Melanzani, 2 Tomaten, Olivenöl, Rosmarin, Thymian, Knoblauch, gemahlener Kümmel, etwas geriebene Zitronenschale

Zubereitung:
Die Zwiebel klein hacken und in einem Topf in Olivenöl anschwitzen, danach das gewürfelte Gemüse (außer den Tomaten) dazugeben und alles kurz durchrösten. Mit den frischen Kräutern würzen und die Zitronenschale sowie die gewürfelten Tomaten dazugeben, danach das Ratatouille ca. 20 Minuten auf kleiner Flamme kochen und warm stellen.

Zutaten für Maishendlbrüste:
4 Maishendlbrüste á 200 g
2 Salbeiblätter, 1 Estragonzweiglein
Olivenöl, Butterschmalz, Salz & Pfeffer

Zubereitung:
Die Maishendlbrüste mit Salz und Pfeffer würzen und in einer heißen Pfanne mit einem Olivenöl/Butterschmalzgemisch auf der Hautseite scharf anbraten. Die frischen Salbeiblätter und das Estragonzweiglein dazugeben und im Rohr bei 200°C ca. 10 Minuten fertig garen (auf Druckprobe). Im warmen Rohr nachziehen lassen.

Anrichten:
Je eine Maishendlbrust mit Ratatouille und 2-3 Polentascheiben anrichten und mit frischen Thymian-Zweigen dekorieren.

SANTA DIGNA
CABERNET SAUVIGNON ROSE
MIGUEL TORRES 1/8 3,10
GRAN CORONAS RESERVA
PENEDES 1/8 4,40
ERDINGER 0,5 3,80

THE ESSE
NCE OF EX
ISTENCE

Kapitel 5

Lisa ließ sich am nächsten Morgen die Tageszeitungen auf ihr Zimmer bringen. Da sie Geburtstag hatte, frühstückte sie im Bett.

Alle Zeitungen brachten die Horrormeldung auf der Titelseite: „Psychopath versucht die Salzburger Festspiele in den Ruin zu treiben“, „Engagementloser Schauspieler stürzte sich in den Freitod“, „Mord in der Festspielstadt“, „Der Mörder wird in Künstlerkreisen vermutet“... Die Kronenzeitung titelte sogar: „Serienkiller bei den Festspielen!“ Und selbst die seriösen „Salzburger Nachrichten“ berichteten über diesen zweiten Unfall bei den Festspielen auf Seite eins.

Trotz der Verfolgungsjagd hatte Lisa gut geschlafen. Sie überlegte, Pierre anzurufen und ihm zu erzählen, dass sie gestern Nacht knapp dem Tode entronnen war. Doch wozu ihn aufregen? Sie würde ihn ohnehin zu Mittag treffen und ihm dann schonend beibringen, dass sie von einem Wahnsinnigen durch die Steingasse gejagt worden war.

Statt Pierre versuchte sie, Raymond zu erreichen. Er antwortete nicht. Bei Brigitta hatte sie mehr Glück. Sie verabredeten sich für den Nachmittag im Café Tomaselli.

Brigitta hatte Alex besser gekannt als jeder andere. Sie würde ihr bestimmt einige Fragen beantworten können.

Nach dem Frühstück nahm Lisa den Bus zum Schauspielhaus, um Karten für eine angeblich sehr aufregende „Peer Gynt“-Inszenierung zu besorgen. Im Schauspielhaus waren alle Vorstellungen längst ausverkauft.

Enttäuscht betrat sie das Restaurant Sog gegenüber dem Theater.

„Hallo Lisa, was machst du denn hier?“

Die Stimme kam ihr bekannt vor. Sie drehte sich um.

An der Theke saß Oscar und sah sie erstaunt an.

„Ich war grad drüben. Wollte schauen, ob ich Karten für „Peer Gynt“ kriege. Nun bin ich endlich einmal bei den Salzburger Festspielen und dann fallen ausgerechnet die beiden Aufführungen, für die ich Karten habe, ins Wasser“, jammerte sie.

„Du hättest nur was zu sagen brauchen. Ich kann dich überall reinbringen“, sagte Oscar großspurig.

„Ist nicht so wichtig, ich bleib ohnehin nicht mehr allzu lang in der Stadt.“

„Kommst du öfters hierher?“ fragte sie ihn.

„Bin Stammgast. Früher galt das „Sog“ als alternatives Studentenlokal. Heutzutage trifft sich hier alles, Künstler genauso wie betuchte Festspielbesucher. Und im Keller gibt‘s die beste Pizza der Stadt.“

Als der Barkeeper fragte, ob sie auch etwas essen möchten, bestellte Oscar ein Gemüsecurry. Lisa, die mit Pierre und Gregor um 13 Uhr zum Mittagessen beim „Strasserwirt“ verabredet war, nahm nur einen Kaffee.

Sie nutzte diese unverhoffte Chance, sich diesen angeblichen Zeugen des ersten Mordes allein, ohne Brigittas Aufsicht, vorknöpfen zu können. Oscar hatte Alexander gehasst. Wer weiß, ob er nicht bei seinem Tod die Finger mit im Spiel gehabt hatte.

Zuerst erzählte sie ihm, dass sie gestern von einem Cabrio in der Steingasse verfolgt worden war. Gespannt beobachtete sie seine Reaktion.

Er erblasste, sagte kein Wort, sondern zündete sich hastig eine Zigarette an. Mit zitternder Hand reichte er Lisa sein Päckchen. Sie rauchte eine mit ihm und fragte ihn, wo er sich während der „Jedermann"-Aufführung aufgehalten hatte.
„Ich war hinter der Bühne", sagte er wie aus der Pistole geschossen.
„Im Dom?"
„Nein, o...ben..., in der Residenz..." Er stotterte, wirkte leicht nervös.
„Der Franziskanermönch, der Alexander auf den Turm ließ, behauptete laut den Zeitungsberichten, dass kein Mensch die Kirche betreten hatte, weder vor noch nach Alexander."
„Vielleicht war's der Mönch?"
„Hör auf, Oscar. Alex ist tot. Ich finde blöde Witze nicht angebracht."
„Wahrscheinlich war es ein Unfall. Oder Brigitta hat Recht. Sie befürchtet, dass er sich selbst umgebracht hat."
„Ich weiß, habe gerade mit ihr telefoniert."
„Es muss ihm außerdem keiner in die Kirche gefolgt sein. Von der Residenz aus führen sowohl Gänge in den Dom als auch in die Franziskanerkirche."
„Geheime Gänge?"
„Dass sie geheim sind, wage ich zu bezweifeln, da sogar ich sie kenne."
„Du meinst, ein jeder, der während der Aufführung Zutritt zur Residenz hatte, könnte rasch hinüber gelaufen und auf den Turm geklettert sein und Alex einen Stoß versetzt haben, ohne dass der Mönch, der beim Eingang der Franziskanerkirche gesessen hat, etwas bemerkt hat?"
„Die Schauspieler ziehen sich immer in der Residenz um und gehen dann durch den Dom auf die Bühne hinaus."
„Es wimmelt also bei einer „Jedermann"-Vorstellung geradezu von Leuten in der Residenz."
„Ja. Und es würde wahrscheinlich niemandem auffallen, wenn einer, statt hinüber in den Dom, in die andere Richtung, in den Carabinieri Saal und weiter hinauf in den Kaisersaal und durch einen kleinen Gang in die Franziskanerkirche gehen würde. Man landet dort direkt auf einer Empore hinter dem Altar."
Die ganze Geschichte erschien ihr ein bisschen wirr.
„Dom, Residenz und Franziskanerkirche bilden eine Stadt in der Stadt", sagte er.
Sie kam nicht dazu, ihn weiter zu befragen, denn nun setzte sich der Koch, der anscheinend mit Oscar befreundet war, zu ihnen. Er bezog Lisa sogleich in das Gespräch mit ein. Als sie ihm verriet, dass ihr Vater in einem venezianischen Restaurant als Küchenchef arbeitete, erzählte er ihr seine eigene Lebensgeschichte.
Oscar verabschiedete sich von den beiden, sagte, er müsse zur Arbeit. Lisa fragte sich, zu welchem seiner dutzenden Jobs er unterwegs war.
„Ich habe in Wien Medizin studiert", fuhr Andi Heidenthaler fort, „es mir aber bald anders überlegt und mich in einem Haubentempel in der Nähe von Peruggia als Koch beworben. Ich konnte damals weder Italienisch noch Kochen."
„Und die haben dich trotzdem genommen?", fragte Lisa ungläubig.
„Sie waren mindestens so verrückt wie ich", antwortete er lachend.
„Ich habe natürlich rund um die Uhr arbeiten müssen. Nicht nur einmal hab ich daran gedacht, alles hinzuschmeissen. Es machte

SALZBURG
CONGRESS

mir aber zu viel Spaß. Ich habe damals vor allem die norditalienische mit der süditalienischen Küche verglichen und die diversen regionalen Speisen kombiniert und variiert. Bis heute liebe ich es, zu experimentieren."
„Ich würde beim Kochen gern mutiger sein", sagte Lisa kleinlaut.
„Ich veranstalte private Kochkurse. Wenn Du Lust hast, kannst du gern mal mitmachen."
„Das würde ich wahnsinnig gern. Aber ich lebe in Wien", warf sie ein. „Ich müsste halt mal in meinem Urlaub..."
„Bist du kommendes Wochenende noch in Salzburg?"
Sie nickte.
„Dann begleitest du mich einfach zum ICAA. Und ich zeig dir dort ein paar Tricks und Kniffe."
„ICA...?"
„International Cooking Award for Autodidacts. Der findet heuer im Salzburg Congress statt. Etwa 80 Spitzenköche aus ganz Europa, lauter Autodidakten wohlgemerkt, also Typen wie ich, die keine normale Lehre mit Berufsschule gemacht haben, kochen sozusagen um die Wette. Warst du schon mal im Salzburg Congress?"
„Nein."
Andi blickte auf seine Armbanduhr: „Ich muss ohnehin bald rüber. Wenn du Lust hast, zeig ich dir gleich alles."
Zwar fühlte sich Lisa etwas überrumpelt, doch seine Begeisterung wirkte ansteckend. Sie fuhren mit seinem Auto, einem uralten Fiat Panda. Andi parkte beim Mirabellgarten und deutete auf ein modernes Gebäude hinter dem Schloss.
„Das Kongresszentrum ist gleich dort drüben. Lass uns vorher einen kurzen Abstecher in den Park machen."
Andi wies sie auf die einmalige Komposition der einzelne Statuen, Figurengruppen, Balustraden, Marmorvasen, Buchsbaumspaliere und Blumenrabatte hin, deutete dann auf das Schloss und sagte: „ Das erste Schlösschen ließ Fürsterzbischof Wolf Dietrich von Raitenau als Sommersitz für seine bürgerliche Geliebte und spätere Frau Salome von Alt errichten. Er nannte es Schloss Altenau, eine Verbindung ihrer beider Namen. Das kleine Schlösschen ist später umgebaut, vergrößert und nach dem Stadtbrand 1818 wieder aufgebaut worden, das sieht man an den unterschiedlichen Stilrichtungen. Solltest du daran denken, irgendwann mal zu heiraten, dann melde dich hier im schönsten Marmorsaal Europas rechtzeitig an."

„Dazu brauch ich wohl erst einmal einen Mann", sagte Lisa, die nicht sehr romantisch war, kichernd.
Pflichtschuldig bewunderte sie den Brunnen der vier Elemente und die Statuen der acht Göttinnen. Andi lenkte ihren Blick auf die „Susanna im Bade". „Diese Statue hat die Züge von Salome von Alt", sagte er.
„Sie sieht richtig lieb, aber auch ein bisschen doof aus. Ich kann verstehen, dass dieser Wolf Dietrich sie aufrichtig geliebt hat. Die meisten mächtigen Männer lieben eher doofe Frauen", sagte Lisa schmunzelnd.
Andi lachte und zeigte ihr noch rasch das Heckentheater, das sich im Irrgarten des Schlosses befand. „Hier kannst du dir wirklich gelungene Aufführungen von Mozart-Singspielen, wie z.B. „Bastien & Bastienne" ansehen. Keine Massenspektakel für Touristen, sondern authentisches Salzburger Theater. Und dort drüben steht jetzt das Zauberflötenhäuschen. Mozart hat sich darin in Wien einsperren lassen, um die Zauberflöte endlich fertig komponieren zu können."
Sie eilten weiter in den Zwergerlgarten, vorbei an den dreizehn Marmorzwergen aus dem frühen 18. Jahrhundert, als sich der Adel über Groteskes zu amüsieren pflegte.

„Den habe ich mir gepflegter vorgestellt. Obwohl die Zwerge natürlich großartig sind. Aber keine Blumen, nur Wiese und Schotter?"
„Werde ich dem Stadtgartenamt melden", sagte Andi belustigt. „Hoffentlich entspricht der Rosengarten eher deinen Ansprüchen. Duftet es hier nicht wunderbar? Bei Kongressen reichen sie manchmal hier draußen den Welcome-Cocktail. Des Nachts treiben sich nur „Verzauberte" in diesem Garten herum."
Lisa blickte ihn irritiert an.
Sie waren inzwischen beim Kongresshaus angelangt.
„Interessantes Gebäude, nicht wahr? Spielt technisch alle Stückchen. Der Architekt war clever, hat die Sonneneinstrahlung berücksichtigt und alle Glasfronten ordentlich beschattet. Außerdem sind die Mitarbeiter des Kongresshauses extrem nett. Sie bemühen sich sehr um die Anliegen jedes einzelnen Besuchers. Vom Café im 1. Stock hat man einen wunderbaren Blick auf den Mirabellgarten. Wir werden am Wochenende im größten Saal des Hauses, im Europasaal, um die Wette kochen. Normalerweise liefert die Küche des benachbarten Sheraton Hotels das Catering bei den diversen Kongressen, aber die haben hier im Haus auch eine eigene Küche."
Da es inzwischen schon nach 13 Uhr war, verabschiedete sich Lisa, nachdem sie einen kurzen Blick ins Foyer des eindrucksvollen Gebäudes geworfen hatte, von Andi . „Wir sehen uns am Sonntag. Pünktlich um Neun bin ich hier."
Sie leistete sich ein Taxi zum „Strasserwirt".
„Wollen's bei dem herrlichen Wetter net lieber ins Lepi", fragte sie der Taxichauffeur.
„Lepi?"
„Ah, Sie sind a Touristin? – Das Lepi ist unser schönstes Freibad, gleich in der Nähe vom Schloss Leopoldskron."
„Vielleicht später, jetzt hab ich erst mal Hunger."
Pierre und Gregor von Paschinger warteten bereits im schattigen Gastgarten mit einer Flasche Champagner auf sie.
Lisa stieß mit ihnen auf ihren Geburtstag an, bestellte sich aber gleich einen Sommerspritzer. Sie hatte auch großen Durst.
„Mich erinnert der „Strasserwirt" immer an einen gemütlichen Landgasthof im Grünen", sagte Pierre.
„Viele Spitzenköche sehnen die Bodenständigkeit herbei. So auch der Haubenkoch Christian Sussitz, der mit seiner Frau Alexandra erst vor kurzem diesen Traditionsgasthof übernommen hat", sagte Gregor, als sich der Chef des Hauses ihrem Tisch näherte.
Er kannte Pierre und Gregor offensichtlich von früher als er im „Culinarium" aufgekocht hatte.
„Hier kann ich endlich für alle kochen, nicht nur für eine Minderheit", bemerkte er, als ihm die beiden zur Übernahme dieses Lokals gratulierten.
Kaum war er in seine Küche zurückgekehrt, sagte Gregor: „Trotzdem kann er seine Vergangenheit nicht verleugnen, denn wo bekommt man sonst schon Rostbraten mit Schwammerlfülle oder Hecht auf Grammelrisotto! Essen Sie gerne Schweinsbraten?", fragte er Lisa.
„Für mein Leben gern!"
„Dann sollten wir am Wochenende wieder hierher kommen. Denn an Sonn- und Feiertagen schiebt Christian immer einen großen Braten in einem Reindl ins Rohr."
Als die Chefin Lisa das gebackene Kalbsbries auf Erdäpfel-Vogerlsalat servierte, begann Gregor von Paschinger zu lachen. „Ihr

Wiener liebt tatsächlich alles, was aus dem Inneren kommt", sagte er.
„Ich esse normalerweise auch gern Innereien", warf Pierre ein, „heute ist mir jedoch mehr nach Blutwurst."
„Ihr seid richtige Vampire", lästerte Lisa kichernd, als sich Pierre und Gregor eine Blutwurst auf Erdäpfelpurée mit Frühlingskräutern und Ofentomaten als Vorspeise teilten. Bei ihrem Hauptgang, rosa Gebratenem und Bratwürsteln vom Tauernlamm mit Erdäpfelgratin und Ratatouillegemüse, musste sie ihnen dann auch noch helfen.
Als sich ein junges Ehepaar ihrem Tisch näherte, sprang Gregor auf und begrüßte die beiden hocherfreut. Dann stellte er die jungen Leute Pierre und Lisa vor: „Das sind meine Weinhändler, Nina und Haakon Tiefner vom Vinovum Weinhandel."
Nina lud sie ein, nach dem Essen hinunter in den Keller zur Weinverkostung zu kommen.
Pierre und Gregor ließen sich das nicht zweimal sagen.
Im wohltemperierten Keller hatte Christian Sussitz aus großen Weinfässern Stehtische gebaut.
Pierres Gesichtsausdruck erhellte sich sofort, als er die Etiketten auf den Weinflaschen erblickte.
Lisa unterhielt sich mit Nina und Haakon übers Chianti, das für die beiden zur zweiten Heimat geworden war. Als sie ganz nebenbei erwähnte, dass sie heute gern einen Schweinsbraten gegessen hätte, lud Nina sie spontan für Samstagabend zu einem „Bratl in der Rein" bei sich zu Hause ein.
Erst auf der Rückfahrt in die Altstadt berichtete Lisa Pierre und Gregor von ihrem eigenartigen Gespräch mit Oscar. Während der erholsamen Stunden beim „Strasserwirt" hatte sie völlig darauf vergessen.
Zögernd fügte sie hinzu, dass sie ihm beide Mordanschläge zutrauen würde. „Bedenkt auch, dass er Brigitta sexuell hörig ist."
Da die beiden Oscar kannten, ihn für psychisch sehr labil hielten und über seine Drogenabhängigkeit ebenso Bescheid wussten, wie über seine Abhängigkeit von Brigitta, konnten sie Lisas Verdacht nachvollziehen.
Pierre beschwor sie, nicht weiter Detektivin zu spielen. „C`est trop dangereux! Überlass es bitte der Polizei, diese beiden Fälle aufzuklären."
„Womöglich ist Oscar tatsächlich ein gefährlicher Psychopath", sagte Gregor besorgt.
Sie beschloss, die nächtliche Verfolgungsjagd lieber nicht zu erwähnen. Die beiden Männer würden sie bestimmt keine Minute mehr allein lassen.
Als sie am späteren Nachmittag im Café Tomaselli eintraf, wartete Brigitta bereits an einem Tisch beim Fenster. Sie begrüßte Lisa so überschwänglich, als wäre sie ihre beste Freundin.
„Dieses Kaffeehaus ist echt einmalig", plauderte sie sofort drauflos. „Sowas habt ihr nicht einmal in Wien. Die haben sogar einen Schwarzen als Kellner angestellt gehabt. Und in der Küche arbeitet eine Brasilianerin. Ein richtiger Multi-Kulti-Betrieb sag ich dir. Und die Marktleute vom Grünmarkt holen sich in aller Herrgottsfrüh ihren Kaffee immer noch am Hintereingang, direkt aus der Küche."
Lisa bat die Kuchendame um ein Stück Topfenstrudel zu ihrem Großen Braunen. Brigitta genehmigte sich eine Mozarttorte und bestellte eine Extraportion Schlagobers dazu. Während sie weiter schwätzte, beobachtete Lisa die illustren Gäste in diesem ältesten Kaffeehaus Österreichs und hörte Brigitta nur mit halbem Ohr zu. Erst als sie Alexander erwähnte, schenkte sie ihr wieder mehr Aufmerksamkeit.
„Alex war älter als wir anderen. Wir haben, wie gesagt, alle gemeinsam am Mozarteum studiert. Damals haben wir Alex bewun-

Café Tomaselli
Mozarttorte

Zutaten für eine Torte mit ø 26 cm :
1 dünner Mürbteigboden
3 Schokoladeböden (jeweils ca. 1,5 cm dick)
70 g geschmolzene dunkle Schokolade
750 g Schlagobers
600 g eingedickte Weichseln
100 g flüssiger Nougat
70 g geschmolzene Milchschokolade

Zubereitung:
Den Mürbteigboden mit dem Tortenreifen umstellen.
200 g Schlagobers aufschlagen, mit der geschmolzenen Schokolade verrühren und auf den Mürbteigboden gleichmäßig mit Hilfe einer Palette aufstreichen.
Einen Schokoladeboden darauf legen, die eingedickten Weichseln aufstreichen, darauf wiederum einen Schokoladeboden legen.
350 g Schlagobers nicht vollständig aufschlagen und mit dem flüssigen Nougat vorsichtig verrühren, diese Creme auf den Schokoladeboden verstreichen und darauf den letzten Schokoladeboden setzen.
Nun für ca. 2 Stunden kühlen, danach – bei Bedarf vorsichtig mit einem heißen Messer - die Torte aus dem Reifen schnelden.
Die geschmolzene Milchschokolade in den restlichen aufgeschlagenen Schlagobers einmelieren und die Torte mit dieser Creme einstreichen.
Gehackte Mandeln auf den Tortenrand locker aufstreuen, die Torte einteilen und mit Oberstupfen und Notenschlüsseln garnieren.

dert. Er war viel erfahrener als wir und sehr amüsant und Welt gewandt. Kein Wunder also, dass ich mich in ihn verliebt habe..."
Lisa interessierte sich zwar für Brigittas Verhältnis mit dem Verstorbenen, unterbrach sie jedoch und fragte: „Wovon hat er eigentlich gelebt? Ich kannte ihn ja nur ganz kurz, habe ihn aber bereits in mehreren Jobs erlebt."
„Er war Maler. Ich bin ihm früher oft Modell gestanden. Er hat tolle Akte von mir gemacht. Einige Jahre hat er als Bühnenbildner am Landestheater gearbeitet. Als sie ihn dort `rauswarfen, ist es mit ihm bergab gegangen."
„Warum ist er `rausgeschmissen worden?"
„Sie warfen ihm vor, mit Kokain gehandelt zu haben, aber das war eine schlimme Intrige. Alex hatte viele Laster, Drogen gehörten nicht dazu. Zuletzt hat er einfach alles gemacht. Im Grunde war er ein sehr sensibler Mensch. Frustriert und verbittert halt nach all diesen Niederlagen. So was muss einer erst mal verkraften. Ich glaube, dass er in letzter Zeit schwer depressiv war. Da er nicht mehr mit mir geredet hat, nachdem ich mich in Alfonso verliebt hatte, weiß ich nichts Genaueres. Aber ich kannte ihn eben besser als die anderen. Seine arrogante und goscherte Art war reine Kompensation."
„Du glaubst also auch, dass er Selbstmord begangen hat? Raymond denkt ebenfalls, dass er `runtergesprungen ist, weil ihm dieses Scheiß-Leben keinen Spaß mehr gemacht hat."
„Der soll lieber den Mund halten. Nicht jeder hat so viel Schwein gehabt wie dein Sunnyboy. Er ist viel weniger begabt als so manch anderer von uns, aber in dieser Branche haben eben die Schwulen das Sagen. Wenn einer so einen tollen Körper und so ein hübsches Gesicht hat wie Raymond, braucht man sich nicht zu wundern, wenn er eines Tages, trotz seines geringen Talents, doch mal eine Titelpartie singen sollte."
„Was willst du damit sagen?", fragte Lisa sie irritiert.
„Spiel nicht die Unschuld vom Lande. Die Rolle steht dir nicht. Hast du noch nie was von der Besetzungscouch gehört? Glaubst du, die wird nur uns Frauen angeboten? Die lieben Jungs vögeln sich genauso durch die Reihen der Regisseure, Produzenten

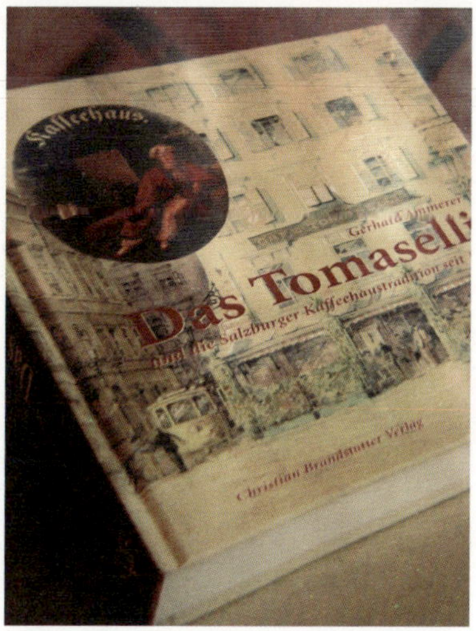

und Intendanten.“

Lisa verschluckte sich an ihrem Kaffee.

Brigitta lächelte süffisant und sagte mit vollem Mund: „Erinnerst du dich an den schönen Wolfgang? Er saß an jenem Abend im „Triangel“ an unserem Tisch. Nimm dich vor ihm in Acht. Der war total sauer, als Raymond mit dir geflirtet hat. Die beiden sind seit einem Jahr unzertrennlich.“

Lisa war nach wie vor leicht schockiert. Andererseits hatte sie nun wenigstens eine Erklärung für Raymonds zurückhaltendes Verhalten ihr gegenüber.

„Dieser Arschkriecher hat nur mit dir geschäkert, um seinen Pariser Erbonkel bei Laune zu halten.“

Lisa wollte sich Brigittas Gerede nicht länger anhören und „Zahlen bitte“ rufen, als plötzlich Raymond an ihrem Tisch stand.

„Stör ich die Damen beim Kaffeeklatsch?“, fragte er.

Brigitta, die ihn gerade als Erbschleicher bezeichnet hatte, fiel ihm um den Hals, herzte und küsste ihn. „Nein, mein Schatz. Wir wollten nur das Lokal wechseln. Lädst du uns auf ein Gläschen Champagner und ein paar frische Austern bei „Scio‘s Specereyen“ ein?“

Lisa konnte Raymond nicht in die Augen schauen. Schweigend folgte sie den beiden hinüber in das kleine Spezereien-Geschäft in der Sigmund-Haffner-Gasse.

„Frische Austern führen wir nur in den Monaten mit „R“ sagte Herr Rigaud, als Raymond Brigittas Wunsch weitergab. „Aber ich kann Ihnen heute „Stierhoden“ anbieten. Hab sie gestern bei meinem Schlachter gekauft. Der Veterinär hat sie anstandslos freigegeben.“

„Und wie werden sie zubereitet“, fragte Lisa misstrauisch.

„Wir blanchieren sie, dadurch werden sie fester, schneiden sie in halb Zentimeter dicke Scheiben, panieren sie meistens wie ein Wiener Schnitzel und backen sie in Butterschmalz raus.“

„Ich glaub, diese Stierhoden probier ich mal“, sagte Raymond zögernd.

„Sie können auch Kutteln alla Romana mit Käse überbacken haben“, schlug Herr Rigaud vor.

„Dann schon lieber Stierhoden“, sagte Raymond.

Während sie auf das Essen warteten, erzählte Raymond ihnen, woher diese Gasse ihren Namen hatte: „Sigmund Haffner war ein sehr sozial eingestellter Bürgermeister der Stadt Salzburg. Zum Beispiel hat er junge, mittellose Leute mit Mitgift ausgestattet, damit sie heiraten konnten. Er selbst war sein Leben lang in seine Köchin verliebt, hat sie aber aus Gründen der Staatsräson nicht geehelicht, sondern ist sein Leben lang Junggeselle geblieben.“

„Wie rührend“, ätzte Brigitta.

„Sie schmecken ähnlich wie Bries, sind nur fester“, sagte Raymond, nachdem er ein Stück von den Stierhoden gekostet hatte. „Wollt ihr auch mal?“

Brigitta langte herzhaft zu.

Lisa schüttelte den Kopf, begnügte sich mit dem Degustationsmenü „Königin der Nacht“. Das weiße Venusbrüstchen mit dem moussierenden Sekt von der Isabella-Traube war so köstlich, dass sie mit vollem Mund sagte: „Die Brüstchen müsst ihr probieren!“

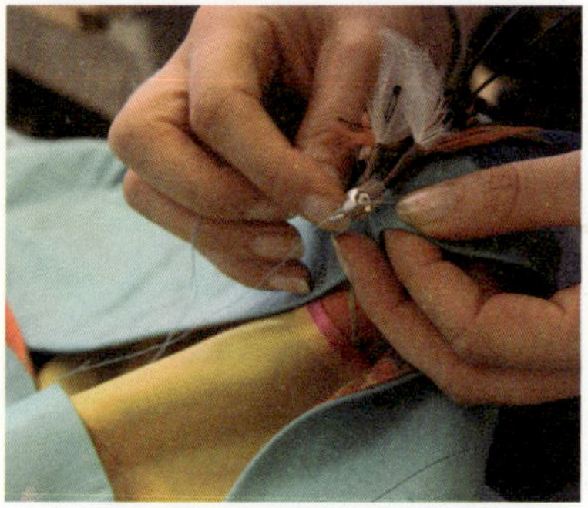

HOTEL SACHER

Brigitta, die sich Blinis mit Forellenkaviar bestellt hatte, orderte sofort einen „Café Amadée", einen kleinen Espresso mit einem schwarzen Venusbrüstchen, als Nachtisch.
Lisa fragte Herrn Rigaud, ob das Rezept für diese verführerische süße Spezialität sein Geheimnis sei.
„Maroni-Nougatmasse in weißer oder dunkler Schokolade? Das ist kein großes Geheimnis", sagte Herr Rigaud lächelnd. „Diese Venusbrüstchen gab es schon zu Mozarts Zeiten. Ich habe die originalen „Capezzoli di Venere" im Mozartjahr 2006 wieder aufleben lassen. Laut dem bekannten Mozartforscher Professor Rudolph Angermüller, haben sie bereits Antonio Salieri köstlich gemundet. Im Film „Amadeus" aß er diese Süßspeise jedenfalls mit Vorliebe. Und Constanze Mozart liebte sie ebenfalls. Das originale Venusbrüstchen wurde übrigens mit Früchten, Kiwi und Himbeeren serviert. Im Barock waren Früchte etwas sehr Luxuriöses. In den Orangerien ihrer Schlösser züchteten die Adeligen vor allem Früchte."
„Möchtest du nicht auch so ein süßes kleines Brüstchen als Nachtisch", fragte Lisa Raymond süffisant grinsend.
Herr Rigaud empfahl den Damen beim Abschied einen Besuch bei „Cobra-Couture" nebenan.
„In diesen Laden habe ich mich ehrlich gesagt noch nie `reingetraut", flüsterte Brigitta Lisa ins Ohr.
Zögernd betraten sie zu dritt den sehr exquisit aussehenden Salon. Raymond wollte einen Freund begrüßen, der für „Cobra-Couture" arbeitete.
„Wir sind im Paradies", kreischte Brigitta und stürzte sich sofort auf die extravaganten Accessoires.
Lisa genierte sich für das vulgäre Benehmen ihrer neuen Bekannten und ließ sich von der freundlichen Besitzerin, die Brigittas schrille Art mit einem milden Lächeln quittierte, erlesene Modelle aus edlem Material und feinste Handstickereien zeigen.
Als Frau Kaesbach sie einlud, ihr Atelier und die hauseigene Schneiderwerkstatt zu besuchen, wollte sie unbedingt, dass Raymond mitkäme. Er zog es vor bei seinem Freund Helmut Hölzl im Geschäft zu bleiben. Selbst Brigittas Getue: „Soll ich dieses Täschchen oder diesen Schal nehmen, Raymond? Bitte sag endlich, was dir besser gefällt. Du hast so einen exzellenten Geschmack...", schien ihn nicht zu stören.
Beim Anblick des äußerst phantasievoll und originell eingerichteten Ateliers vergaß Lisa Raymond. Nachdem sie gratis eine Stil- und Farbberatung bekommen hatte, beschloss sie, sich einen türkisfarbenen und orange gefütterten seidenen Gehrock nach Maß anfertigen zu lassen. Eine alte, sehr wertvolle französische Messingspange zum Schließen und sie würde aussehen wie eine Prinzessin aus Tausendundeiner Nacht, meinte Frau Kaesbach lächelnd.
Bei der „Don Giovanni"-Premiere war sich Lisa, verglichen mit den anderen Festspielgästen, recht erbärmlich angezogen vorgekommen. Außerdem würde sie ja in Zukunft ein festes Einkommen beziehen, da durfte sie sich schon einmal etwas ganz Besonderes leisten. Und sie wurde ja schließlich nur einmal im Leben dreißig. Ihr schlechtes Gewissen bei dem Gedanken an ihr ständig überzogenes Konto hielt sich in Grenzen. Pierre hatte ihr ein großzügiges Geldgeschenk gemacht und ihr Vater wollte ihr zum Geburtstag durch seinen Freund Sandro, der ihn seit zwei Jahren versteckt hielt und für den er heimlich als Küchenchef arbeitete, 3000 Euro überweisen lassen. „Kauf dir dafür zum Geburtstag einen Ring oder irgendwas Hübsches zum Anziehen, Amore", hatte er beim letzten Telefonat zu ihr gesagt. Das Geld musste inzwischen schon auf ihrem Konto eingetroffen sein.
Als sie zurück in den Salon kamen, waren Brigitta und Raymond bereits gegangen. Lisa verabschiedete sich von Helmut Hölzl, der dreißig Jahre lang Chef-Kostümbildner der Salzburger Festspiele gewesen war, wie sie inzwischen erfahren hatte und verließ beschwingt diesen eleganten Laden in der Sigmund-Haffner-Gasse.

Manfredo hatte in ihrem Hotel wieder einige Nachrichten für sie hinterlassen. Dieses Mal rief sie ihn zurück.
Als sie sich auf den Weg zu ihrem Rendezvous mit Manfredo machte, verflog ihre gute Laune. Sie machte sich Vorwürfe, weil sie diesen sündhaft teuren Gehrock bestellt hatte und der Gedanke an Raymonds Homosexualität und an ihre kindische Vernarrtheit in ihn deprimierte sie zusätzlich. Außerdem kränkte es sie, dass er ihr nicht zum Geburtstag gratuliert hatte.
Für den Startenor war selbst im Hotel Sacher, wo man in der Festspielzeit tagelang vorher reservieren musste, immer ein Tisch frei.
Den Aperitif nahmen sie draußen auf der von Wind und Regen geschützten Terrasse an der Salzach. Das Dinner wurde im Zirbelzimmer serviert. Die durchaus anheimelnd wirkende Stube war mit unzähligen Hirschgeweihen und anderen Jagdtrophäen geschmückt. An den holzvertäfelten Wänden standen schwere antike Möbel. Die dunkle Kassettendecke verstärkte jedoch ihre trübe Stimmung. So sehr sich Manfredo bemühte, sie aufzuheitern, ihr entkam selten ein Lächeln. Nicht einmal ihre Vorspeise namens „Meine Mozartkugel“, ein Kunstwerk aus Gänseleber und Pistazien, mit Blattgold umhüllt, heiterte sie auf.
Sie schimpfte sich eine blöde Kuh. Wie konnte sie sich nur in einen homosexuellen Mann verlieben? Auch auf Pierre war sie ein bisschen wütend. Warum hatte er sie nicht gewarnt? Warum hatte er, im Gegenteil, sogar hartnäckig versucht, sie mit Raymond zu verkuppeln? So naiv konnte ein Welt erfahrener Mann wie er doch nicht sein. Er musste zumindest ahnen, dass sein Neffe ein „Verzauberter“ war.
Geistesabwesend stocherte sie in dem ausgezeichneten Zander auf Spargelgemüse herum.
Irgendwann wurde es selbst dem charmanten Manfredo zu dumm, den Clown für sie zu spielen. Er fragte sie, was mit ihr los sei. Lisa vergoss ein paar Tränen und erzählte ihm die peinliche Geschichte.
Anstatt gekränkt zu sein, dass sie wegen eines anderen Mannes weinte, nahm er sie in die Arme und tröstete sie liebevoll.
Spät am Abend, als sie mit Anna Barnabo telefonierte, behauptete Lisa, dies wäre der Moment gewesen, in dem sie sich in ihn verliebt hatte.
Manfredo schickte ihr am nächsten Morgen hundert lieblich duftende rosa Rosen in ihr Hotel. Auf dem Kärtchen von Blumen Doll stand: „Danke für deine Ehrlichkeit und alles Liebe zum Geburtstag! Ti amo Manfredo.“

Thai-Curry mit Gemüse und Süßkartoffeln

Zutaten:
300 g Kartoffeln , 300 g Süßkartoffeln
200 g Karotten, 200 g gelbe Rüben
200 g grüne Bohnen, 200 g Babymais,
200 g Zuckerschoten
1/2 Bund Thai-Basilikum, 1 gehäufter EL gelbe Currypaste, 2 EL Pflanzenöl, ca. 100 ml Wasser
1 l Kokosmilch, Fischsauce
1 TL Curcuma, Palmzucker

Zubereitung:
Die gelbe Currypaste in einem Topf im Pflanzenöl anbraten und mit Wasser und der Kokosmilch aufgießen, mit Curcuma und Palmzucker würzig abschmecken und aufkochen lassen.
Die Kartoffeln schälen und würfelig schneiden, die Karotten und die gelben Rüben in Stiftchen scheiden, die grünen Bohnen halbieren und alles in den Topf geben und fast weich kochen. Die Süßkartoffeln ebenfalls schälen und würfelig schneiden, den Babymais und die Zuckerschoten halbieren und alles in den Topf geben. Zum Schluss die Thai-Basilikum-Blätter dazugeben. Nicht zu weich kochen, da das Gemüse noch nachzieht!

Tortellini mit Spinat-Ricottafüllung, grünem Spargel und Kirschtomaten

Zutaten für Tortelliniteig:
4 Eier, 400 g griffiges Mehl, 1 Prise Salz, Olivenöl

Zubereitung:
Die Eier, das Mehl, Salz und Olivenöl miteinander gut vermengen, bei Bedarf ganz wenig Wasser dazugeben. Aus dem Teig eine Kugel formen, in Frischhaltefolie einwickeln und mindestens 1/2 Stunde im Kühlschrank rasten lassen.

Zutaten für Spinat-Ricottafüllung:
100 g Blattspinat, 250 g Ricotta
1 Handvoll geriebener Parmesan
1 Knoblauchzehe, Salz & Peffer
Muskat, etwas Semmelbrösel

Zubereitung:
Den Blattspinat grob hacken, mit dem Ricotta, dem Parmesan und der feingehackten Knoblauchzehe vermischen und mit Salz, Pfeffer und Muskat abschmecken. Soviel Semmelbrösel dazugeben bis die Mischung die richtige Konsistenz hat.
Den Teig mit einer Nudelmaschine ganz dünn ausrollen, in ca. 6 cm große Quadrate schneiden, auf jedes Teigstück eine nussgroße Menge Spinat-Ricotta-Füllung geben, die Teigränder mit Wasser bestreichen und die Quadrate zu Dreiecken zusammenlegen. Jetzt die beiden gegenüberliegenden Spitzen zusammen kleben und das vordere Ende umlegen. Die fertigen Tortelli auf ein bemehltes Blech geben – so können sie auch tiefgekühlt werden.

Zutaten für Sauce:
250 g Kirschtomaten, 500 g grüner Spargel
4 EL Butter, 1 Prise Zucker, Salz & Pfeffer
Parmesan

Zubereitung:
Die Kirschtomaten blanchieren und häuten, den Spargel nur im unteren Drittel schälen, die holzigen Enden wegschneiden und schräg in ca. 3 cm lange Stücke schneiden. Den Butter in einer großen Pfanne schmelzen, Spargel und Zucker dazugeben, mit Salz und Pfeffer würzen und knackig braten, zuletzt die Kirschtomaten untermischen. Die Tortellini in wallendem Salzwasser einige Minuten kochen, aus dem Wasser heben und zum Spargel-Tomaten-Gemüse geben. Mit frisch geriebenem Parmesan bestreuen und servieren.

Meine Mozartkugel

<u>Zutaten (für 10 - 12 Personen):</u>
25 g Pistazien
700 ml Schlagobers
12 Blatt Gelatine
200 g Rindsfilet
250 ml Kalbsjus
125 ml Portwein
250 g Huhn
50 g Gänseleber
125 ml Madeira
1 l stark reduzierter Kalbsjus zum Glacieren
Salz & Pfeffer
weißer Pfeffer
Blattgold

<u>Zubereitung:</u>
Die Pistazien fein cuttern und mit 200 ml Schlagobers einkochen, mit Salz abschmecken. 2 Blatt Gelatine in Wasser einweichen und beimengen. Die Masse kalt stellen.
Das Rindsfilet würzen, scharf von allen Seiten anbraten und mit dem Portwein ablöschen, den Kalbsjus dazugeben und einreduzieren lassen. Danach fein cuttern und 4 Blatt eingeweichte Gelatine dazugeben, mit Salz und Pfeffer abschmecken und kalt stellen.
Das Huhn würzen und scharf anbraten, 500 ml Schlagobers, Madeira und die Gänseleber dazugeben und den Saft einreduzieren lassen, anschließend 6 Blatt eingeweichte Gelatine beimengen und cuttern. Mit Salz und weißem Pfeffer würzen und kalt stellen.
Nun von der Pistazienmasse kleine Kugeln formen und kalt stellen, danach über die Pistazien-Kugeln eine Schicht der Rinderfiletmasse geben und kalt stellen, weiters eine Schicht von der Huhnmasse darüber geben, mit dem reduzierten Kalbsjus überziehen und kalt stellen.
Als Abschluss mit Blattgold überziehen.
Zum Anrichten aus der Mozartkugel ein Stückchen herausschneiden und mit feinem Frisee, Preiselbeersauce und karamellisierten Apfelperlen anrichten.

Chartreuse von der Ofentomate mit Hopfensprossen und Kräuterzupfsalat

Zutaten:
400 ml kräftiger Gemüsefond
100 ml klarer abgeschmeckter Tomatenfond
10 Blatt Gelatine
15 reife Tomaten
Rosmarin und Thymianzweig
Olivenöl
Salz & Pfeffer
Zucchinischeiben zum Auslegen
Knoblauchzehen (zerdrückt)
12 Stück Hopfensprossen
Frisee, Chicoree, Löwenzahn, Lollo Rosso, Rucola
Kerbel, Basilikum
Dressing nach Belieben

Zubereitung:
Die Tomaten einschneiden, blanchieren, schälen, vierteln und das Kerngehäuse entfernen. Danach auf Backpapier mit den Gewürzen bei 70°C im Backofen am Blech 5 bis 6 Stunden trocknen.
Die Gelatine in kaltem Wasser einweichen, gut ausdrücken und im erwärmten Gemüse-Tomatenfond auflösen.
Förmchen mit den blanchierten Zucchinischeiben auslegen, darauf abwechselnd jeweils eine Schicht getrocknete Tomaten und Gelee in die Form geben und für mindestens 6 Stunden kalt stellen.
Den abgeschmeckten Salat auf einem Teller anrichten und eine Scheibe von der Chartreuse auf das Salatbeet geben, mit Marinade beträufeln und mit Blüten und Kräutern garnieren.

Zanderfilet auf glasiertem Spargel-Zucchinigemüse

Zutaten:
4 Stück Zanderfilet mit Haut á ca. 120 – 140 g
Salz & Pfeffer aus der Mühle
1 Knoblauchzehe
1 Rosmarinzweig
Olivenöl
Butter
Zitrone
4 Stück Kirschtomaten
160 – 200 g geschälter und blanchierter weißer Spargel
150 g Zucchini

Zubereitung:
Die Zanderfilet würzen und auf der Hautseite in Olivenöl anbraten. Die Kirschtomaten, Knoblauchzehe, Rosmarinzweig und ein Stück Butter dazugeben und ständig mit dem Saft übergießen, zum Schluss mit etwas Zitronensaft abschmecken.
Den geschälten und blanchierten Spargel sowie den Zucchini in größere Stücke schneiden, in Olivenöl bissfest farblos glasieren und mit Salz und Pfeffer und etwas geriebener Muskat würzen.
Das Gemüse auf heißen Tellern in der Mitte anrichten und das Zanderfilet darauf legen.
Mit angebratenen Kirschtomaten, gezupftem Kerbel, Frisee und Zwiebelsprossen garnieren.

Hotel Sacher
Zirbelzimmer

Erdbeer-Rhabarber-Strudelteig-Tascherl mit Holundersorbet

Zutaten für Strudelteig:
200 g Mehl
125 ml lauwarmes Wasser
etwas Öl
Salz

Zubereitung:
Aus den oben genannten Zutaten einen Teig kneten und rasten lassen.

Zutaten für Fülle:
Vanillecreme
2 Stangen Rhabarber
100 g Erdbeeren
Zimtzucker
geriebene Mandeln
flüssige Butter
Eigelb

Zubereitung:
Den Strudelteig ausziehen und in 10 x 10 cm große Quadrate schneiden, diese mit den geriebenen Mandeln bestreuen und darauf die Vanillecreme aufdressieren.
Den Rhabarber schälen und in 2 bis 3 cm lange Stücke schneiden, die Erdbeeren in kleine Stücke schneiden. Sowohl den Rhabarber als auch die Erdbeeren mit Zimtzucker panieren und auf die Vanillecreme setzen. Die Teig-Quadrate nun zu Säcken zusammenfalten, in heißem Fett goldbraun backen und warm halten.

Zutaten für Holundersorbet:
200 g Holundersirup
100 g Weißwein
etwas Zitronensaft

Zubereitung:
Den Holundersirup mit dem Weißwein und dem Zitronensaft gut vermischen und in der Eismaschine oder im Gefrierschrank zu einem Sorbet frieren.

Anrichten
Eine Creme aus Sauerrahm und etwas Staubzucker bereiten, ebenso eine Erdbeersauce, frische Beeren und Minzeblätter. Diese Bestandteile gemeinsam mit den Tascherl und dem Holundersorbet auf einem Glasteller anrichten.

Gebackenes Kalbsbries mit Erdäpfel-Vogerlsalat

Zutaten für Kalbsbries:
400 g gekochtes Kalbsbries
150 g griffiges Mehl
2 Eier
150 g Brösel
Salz & Pfeffer
Öl zum Ausbacken

Zutaten für Erdäpfel-Vogerlsalat:
600 g gekochte und geschälte Erdäpfel
200 g Vogerlsalat oder Frühlingskräuter
1 Zwiebel, 200 ml Rindsuppe
Apfelessig, Öl

Zubereitung Kalbsbries:
Das Kalbsbries mit Salz und Pfeffer würzen, zunächst im Mehl wenden, danach durch die verquirlten Eier ziehen und zum Schluss mit den Bröseln panieren. Das Bries in heißem Öl goldbraun herausbacken.

Zubereitung Erdäpfelsalat:
Die gekochten und geschälten Erdäpfel in Scheiben schneiden und mit der würfelig geschnittenen Zwiebel, der Rindsuppe, dem Apfelessig und dem Öl marinieren. Den Erdäpfelsalat auf einem Teller anrichten, etwas Vogerlsalat oder Frühlingskräuter daneben legen und das gebackene Kalbsbries auf dem Erdäpfelsalat anrichten.

Blutwurst auf Erdäpfelpurée mit Frühlingskräutern und Ofentomaten

Zutaten Blutwurst:
4 dicke Scheiben Blutwurst
etwas griffiges Mehl zum Mehlieren
Öl zum Braten

Zutaten Erdäpfelpurée:
500 g mehlige Erdäpfel
150 ml warme Milch
50 g Butter
Muskatnuss, Salz

Zutaten Ofentomaten:
150 g Kirschtomaten
2 Knoblauchzehen in Scheiben
grobes Meersalz
Olivenöl
Basilikum
100 g marinierte Frühlingskräuter

Zubereitung Erdäpfelpurée:
Die Erdäpfel in der Schale gar kochen, schälen und in einen Topf pressen, die warme Milch und die Butter dazugeben und mit Muskatnuss und Salz abschmecken.

Zubereitung Ofentomaten:
Die Kirschtomaten mit den restlichen Zutaten vermischen, auf ein mit Backpapier ausgelegtes Backblech legen und ca. 2 Stunden bei 80°C im Backrohr braten.

Zubereitung Blutwurst:
Die Blutwurstscheiben mehlieren und in einer Pfanne mit Öl auf beiden Seiten scharf anbraten, danach für 7 Minuten ins 160°C heiße Backrohr geben.
Die Blutwurst auf dem Erdäpfelpurée anrichten, mit Kräutern und Tomaten garnieren.

Rosa Gebratenes und Bratwürstel vom Tauernlamm mit Erdäpfelgratin und Ratatouillegemüse

Zutaten Rosa Gebratenes und Bratwürstel:
ca. 500 g Lammrücken
8 Lammbratwürstel
4 Knoblauchzehen
etwas frischer Thymian

Zutaten Ratatouillegemüse:
1 roter Paprika
1 Melanzani
1 Zucchini
2 Tomaten
1 Zwiebel
250 ml Tomatensaft
Knoblauch
Rosmarin
Thymian
Olivenöl

Erdäpfelgratin:
800 g mehlige Kartoffel
500 ml Milch
125 ml Rahm
2 Knoblauchzehen in Scheiben
Salz
Muskatnuss
etwas Butter für die Form

Zubereitung Ratatouille:
Das Gemüse in gleich große Würfel schneiden und in einer Pfanne in Olivenöl anbraten, mit dem Tomatensaft ablöschen und 10 Minuten köcheln lassen.

Zubereitung Erdäpfelgratin:
Die Kartoffeln schälen, in feine Scheiben schneiden und in eine gebutterte Form schlichten, mit der mit Knoblauch, Salz und Muskatnuss gewürzten Milch-Rahmmischung übergießen und für 45 Minuten bei 160°C ins Backrohr geben.

Zubereitung Lammrücken:
Den Lammrücken mit Salz und Pfeffer würzen und auf beiden Seiten scharf anbraten, den blättrig geschnittenen Knoblauch und den Thymian zugeben, danach für 6 Minuten ins 120°C warme Rohr schieben. Die Lammbratwürstel in einer Pfanne mit Öl scharf anbraten und beiseite stellen.

Auf einem Teller das Ratatouille und das Erdäpfelgratin anrichten, den Lammrücken in Scheiben schneiden und mit den Lammwürsteln darauf setzen und mit Bratensaft umgießen.

Blinis mit Forellenkaviar und Salatbouquet

Zutaten für Blinis:
200 g Buchweizenvollmehl
1/2 Päckchen frischer Germ
200 ml Milch
3 Eier
75 g zerlassene Butter

Zubereitung:
Das Buchweizenmehl in eine Schüssel geben, den zerbröckelten Germ, die Milch, die Eier, die Butter und 1 Prise Salz dazugeben und alles zu einem glatten Teig verrühren. Den Teig etwas gehen lassen.
Für die Blinis etwa 3 EL Öl in einer Pfanne erhitzen. Jeweils etwa 2 EL Teig in die Pfanne geben, bei mittlerer Hitze backen, bis sie an der Unterseite braun sind und sich vom Pfannenboden lösen. Die Blinis wenden und auf der zweiten Seite ebenfalls langsam backen. Das Öl darf nicht zu heiß sein, sonst brechen die Blinis beim Wenden. Die Temperatur ist richtig, wenn die Blinis beim Backen noch etwas aufgehen. Erneut Öl und Teig in die Pfanne geben und so fortfahren, bis alle Blinis gebacken sind.

Zutaten:
1 Becher Sauerrahm
Forellenkaviar
Blattsalate
Dressing nach Belieben

Zubereitung:
Die Blinis auf einen Teller legen, cremiggerührten Sauerrahm darauf verteilen, auf diesen etwas Forellenkaviar geben und mit einem marinierten Salatbouquet dekorieren.

30 Fehler beim Gulaschkochen

von Gerhard Zemann

Das Wiener Beislgulasch

Erster Fehler: Die Menge.
Gulasch für eine Portion zu kochen ist vertane Liebesmüh. Gulasch fängt bei 1,5 bis 2 kg Fleisch an. Erst jetzt ist eine Menge vorhanden, die auch einen ordentlichen Saft garantiert.

Zweiter Fehler: Die Auswahl des Fleisches.
Nur Wadschunken vom Rind ist erlaubt. Keine Filetspitzen oder Steak oder Lungenbraten. Schneiden Sie das Fleisch nicht zu klein. Eine Zweifingerstärke sollte das Fleisch schon haben.

Dritter Fehler: Schneiden Sie Fleisch nie mit einem Wellschliffmesser. Die Fasern werden am Schnitt zerrissen und Teile des Saftes gehen verloren.

Dies waren die ersten drei Fehler, die Sie beim Gulaschkochen machen können. Wenn Sie die restlichen 27 Fehler wissen möchten, können Sie das komplette Rezept sehr gerne bei Scio's Spezereyen (Adresse im Anhang) für 2 Euro bestellen, die dem Verein „SOMA" – Sozialmarkt Salzburg für Menschen mit geringerem Einkommen zugute kommen.

Kapitel 6

Am Donnerstagmorgen zog Lisa in den „Goldenen Hirsch“.
An der Rezeption wurde sie sehr herzlich empfangen. Der attraktive junge Mann bot ihr einen Kaffee in der berühmten Bar des Hotels an, die zur Festspielzeit von international bekannten Künstlern und anderen Prominenten frequentiert wurde. Lisa erkannte auch sogleich einige Leute.
„Ihr Zimmer wird in ein paar Minuten fertig sein. Darf ich Ihnen einstweilen diese wunderschönen Rosen abnehmen?“
Lisa hatte den riesigen Strauss in einem ordinären Plastiksack mitgeschleppt.
Sie wollte keinen Kaffee. Es zog sie gleich in die Küche.
Pierre hatte ihr erzählt, dass im „Goldenen Hirsch“ oft Premierenfeiern stattfanden und dass Hoteldirektor und Küchenchef im Mozart-Jubiläumsjahr ein phantastisches Mozartmenü komponiert hätten.
Der Hoteldirektor Herbert Pöcklhofer war zwar etwas überrascht, als sie ihn ansprach, erzählte ihr aber bereitwillig von der Küche zu Mozarts Zeiten: „So wie in der Musik war damals bei Hofe der italienische Einfluss auch in der Küche erkennbar. Es wurden Orangen- und Zitronenbäume gezüchtet. Zitrusfrüchte galten bei Hofe als fürstliches Obst. Und es galt als sehr schick, italienische Kräuter und Zutaten zu verwenden. Exotische Früchte, Gewürze wie Safran und Muskat waren Zeichen von Reichtum. Essen war also schon damals Mode. Essen und Trinken spielten ja auch in Mozarts Opern eine Rolle. Wolfgang Amadeus Lieblingsgerichte waren übrigens Forellen sowie Leberknödel und Sauerkraut.“
Ihr Zimmer im „Goldenen Hirsch“ war das absolute Kontrastprogramm zu ihrer Suite im Hotel Stein. Es war ebenfalls sehr geräumig, jedoch mit rustikalen Möbeln eingerichtet. Ihre Rosen passten vortrefflich zu den zart gemusterten rosa Bettbezügen und Polstermöbeln. Bemalte alte Bauernschränke und schwere antike Kommoden ergänzten das ländliche Interieur.
Am liebsten hätte sie sich gleich unter die dicke Bettdecke gekuschelt, doch sie hatte sich nun einmal vorgenommen, diese beiden mysteriösen Unfälle aufzuklären.
Zuerst rief sie Oscar an, schlug ihm ein Treffen am St. Peter Friedhof vor. „Ich möchte mir die Katakomben ansehen. Sagen wir in einer Stunde?“
Er gab vor, keine Zeit zu haben.
Als nächstes wählte sie Raymonds Nummer. Sie war sich nicht sicher, ob sie ihre dämliche Vernarrtheit in ihn überhaupt mit ihm besprechen sollte, aber sie wollte mehr über diesen Mordversuch und den mysteriösen Unfall erfahren.
Raymond hatte ebenfalls keine Zeit. Er hatte einen Termin am Salzburger Kommissariat. Die Kripo wollte ihn noch einmal befragen.
„Ich werde in die Franziskanerkirche gehen. Vielleicht lassen sie mich sogar auf den Turm hinauf. Ich will mir die Stelle, von der Alex hinuntergestürzt ist, genauer ansehen“, sagte Lisa. „Und nachher möchte ich Nannerls Grabstätte am St. Peter Friedhof besuchen und die Katakomben besichtigen. Komm einfach nach, wenn du Lust hast.“
Als sie die Franziskanerkirche betrat, lief ein kalter Schauer über ihren Rücken. Sie war die einzige Besucherin an diesem Vormittag. Der Gedanke an den auf dem Asphalt zerschmetterten Alex trieb ihr die Tränen in die Augen.

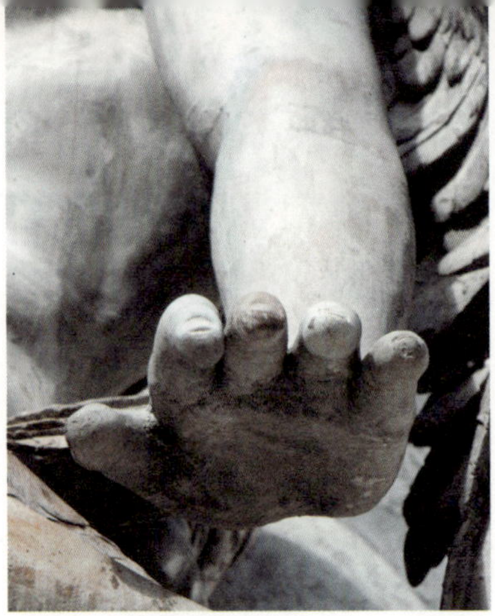

Um sich auf andere Gedanken zu bringen, griff sie nach einem Kirchenprospekt und las: „In der ehemaligen Stadtpfarrkirche und späteren Klosterkirche haben die verschiedensten Baustile, romanisch bis barock, ihre Spuren hinterlassen. Der frühere gotische Hochalter von Michael Pacher wurde abgetragen und durch einen barocken Hochaltar, nach einem Entwurf von Fischer von Erlach, ersetzt. Geblieben ist einzig die goldene Pacher-Madonna, die in ihrem strahlenden Glanz den Himmel repräsentiert."

Lisa fühlte sich auf einmal sehr geborgen in dieser seltsamen Kirche. Die Stille war wohltuend. Das düstere Langhaus, das die Gläubigen auf der Erde ermahnen sollte, dass sie das Glück erst im Himmel erwartete, übte eine beruhigende, fast meditative Wirkung auf sie aus. Die Fächergotik an der Decke legte Assoziationen an eine Palme nahe. Und der Marmorlöwe am Treppenaufgang zur schlichten Kanzel erinnerte sie an die prächtigen Löwen von San Marco.

Der gotische 87 Meter hohe Kirchturm, der alle Dächer der Salzburger Altstadt überragte, wies wie ein Zeigefinger zum Himmel hinauf. Leider war der Turmaufgang von der Polizei mit rot-weißen Bändern abgesperrt worden.

Als sie die Kirche durch den Haupteingang verließ, bemerkte sie die Schwurhand unten am Sockel. Sie fragte sich, was diese Hand mit den zwei ausgestreckten Fingern wohl zu bedeuten hatte. War es eine Art Anmeldung des Urheberrechts des Architekten oder bedeutete es Asylrecht für alle Verfolgten oder war es ein Segnungsgestus?

Im gegenüberliegenden Franziskanerkloster wurde Klostersuppe für Obdachlose ausgeteilt. Lisa beobachtete die armen Leute, die sich vor dem Kloster anstellten. Unwillkürlich musste sie daran denken, dass dieses Kloster in der Nazizeit das Gestapo-Hauptquartier gewesen war.

Rasch ging sie hinüber zum St. Peter Friedhof.

Hier umfing sie wieder angenehme Stille. Die blumengeschmückten alten Gräber zwischen den steilen Felswänden und den imposanten sakralen Gebäuden strahlten Ruhe und Frieden aus.

In der Kommunegruft lag nicht nur Mozarts Schwester Nannerl, sondern auch Michael Haydn, der jüngere Bruder von Joseph Haydn begraben.

Lisa betrachtete die Holzmalereien hinter dem Kruzifix über der Gruft. Doch ihr Blick schweifte sogleich ab, fiel auf den Totentanz. Rechts und links neben der Kreuzigungsgruppe hingen sechs bemalte Holztafeln, die um 1660 entstanden waren.

„Eine volkskundliche Rarität", sagte eine Männerstimme hinter ihr.

Erschrocken drehte sie sich um.

Der Mann, bei dem sie vorhin ihre Eintrittskarte für die Besichtigung der Katakomben gekauft hatte, stand knapp hinter ihr.
„Sie sind heute unsere erste Besucherin und wahrscheinlich wird auch keiner mehr kommen bei diesem Kaiserwetter. Dabei ist es so herrlich kühl hier im Berg. Soll ich ihnen was über diese so genannten Katakomben erzählen?"
„Ja bitte."
„Eigentlich dienten diese Höhlen als Begräbnisstätte und nicht, wie viele Touristen glauben, als Zufluchtsort für verfolgte Christen. Es handelt sich hier also um den ältesten christlichen Friedhof Salzburgs. Schon um 480 nach Christus gab es eine christliche Gemeinde im zerstörten Juvavum. Später fristeten auch Einsiedler ihr karges Leben in diesen Höhlen des Mönchsbergs. Meist Mönche von St. Peter."
Lisa bedankte sich bei dem netten älteren Herrn und stieg die steilen Stufen zur ersten Höhle, der Gertrauden-Kapelle, hinauf. Ehrfürchtig betrachtete sie die Höhlenmalereien und den uralten Altar, bevor sie weiter bis zu einer kleinen Aussichtsplattform kletterte. Sie verschnaufte eine Weile.
Als sie dann die letzten extrem steilen Stufen in Angriff nahm, bildete sie sich plötzlich ein, dass sie nicht mehr allein in den Höhlengängen war. Zwar hörte sie weder Stimmen, noch vernahm sie Schritte, aber sie spürte, dass jemand hinter ihr war. Sie schritt schneller aus. Nahm die unregelmäßig hohen Stufen fast im Laufschritt.
Vielleicht sollte ich endlich eine Therapie machen, dachte sie. Schon in Venedig hatte sie sich öfters verfolgt gefühlt. Womöglich entwickle ich eine hübsche kleine Paranoia? Ihre Selbstironie half ihr nicht weiter. Sie hatte Angst. Nur Oscar und Raymond wussten, dass sie heute früh die Katakomben besuchen wollte. Und sie hatte beide in Verdacht bei den schrecklichen Todesfällen ihre Finger mit ihm Spiel gehabt zu haben.
Als sie in der Maximuskapelle angelangt war, fühlte sie sich erst recht wie eine Maus in der Falle. Hier führte kein anderer Weg hinaus, als die Stiegen, die sie gerade hinauf gelaufen war.
Sie fröstelte. Auf einmal hörte sie tatsächlich Schritte und heftiges Schnaufen. Sie sah sich nach einem Gegenstand um, der ihr als Waffe dienen könnte. Der Blumentopf am Fuße des Altars erschien ihr besser als nichts.
Mit dem Geranientopf in der erhobenen Hand versteckte sie sich links vom Stiegenaufgang und wartete auf ihren Verfolger. Als sein Profil in ihr Blickfeld geriet schlug sie mit voller Wucht zu.
Oscar taumelte, drohte die Stiegen hinunter zu fallen. Rasch griff sie nach seiner Hand und zog ihn an sich.
Er flel Ihr buchstäblich In dle Arme.
Blut tropfte von seiner Stirn. Er sah sie mit irrem Blick an und stammelte: „Warum...?"
Nachdem sie kapiert hatte, dass Oscar ihr nichts Böses wollte, sondern sich nur anders besonnen hatte und sie doch noch treffen hatte wollen und deshalb in die Katakomben nachgekommen war, entschuldigte sie sich wortreich und half ihm die vielen Stiegen hinunter. Dem netten älteren Herrn an der Kasse erzählte sie, dass Oscar sich an einem der niedrigen Felsendurchgänge den Kopf blutig gestoßen hätte. Zum Glück hatte der Aufseher ein Heftpflaster parat.
Als kleine Entschuldigung lud sie Oscar zum Mittagessen ein.
Er schlug vor auf den Schrannenmarkt zu gehen. „Der findet nur donnerstags am Mirabellplatz statt. Bei den „Kriegs" gibt`s die beste Fischsuppe der Stadt. Und mir ist jetzt nach einer Fischsuppe. Was Schwereres vertrage ich nach diesem Schlag nicht. Mein Schädel brummt wie blöd", sagte er grinsend.

Lisa umarmte ihn schuldbewusst. Er hängte sich bei ihr ein und langsam schlenderten sie hinüber zum Mirabellplatz.
Die Fischsuppe war tatsächlich extraordinär. Lisa hatte allerdings nachher Schwierigkeiten, Oscar wieder loszuwerden. Sie riet ihm einen Arzt aufzusuchen.
Er winkte ab: „Ich bin momentan nicht ordentlich versichert."
„Soll ich Pierre anrufen? Er ist ein großartiger Diagnostiker und könnte dir bestimmt helfen."
„Nicht nötig. Die Fischsuppe hat meine Kopfschmerzen vertrieben. Ich bin wieder voll fit. Was machen wir mit dem angebrochenen Tag?"
„Ich muss dich jetzt allein lassen, habe noch einen Termin. Aber ich ruf dich heute Abend an, okay?" Diese Lüge ging ihr ganz glatt über die Lippen.
Oscar wirkte enttäuscht. Doch sie fand, dass sie lang genug für ihren Anschlag auf ihn gebüßt hatte.
Beim „Krimpelstätter" waren Pierre, Raymond und sie zur Premierenfeier nach der „Jedermann"-Aufführung eingeladen gewesen. Die Feier war ins Wasser gefallen, aber Lisa war neugierig auf dieses gutbürgerliche Gasthaus, das die vier „Bachmann-Buam" aus dem Pinzgau gepachtet hatten und vor allem Pinzgauer Regionalküche anbot.
Im Gastgarten waren alle Tische besetzt. Kein Wunder, was gab es Schöneres als an einem so heißen Tag im Schatten von alten Kastanienbäumen zu sitzen und wunderbare Krautrouladen mit Erdäpfelpüree und dazu eine Halbe oder einen G`spritzen Weiß zu genießen?
Lisa ging hinein. In den gemütlichen Stuben saßen weniger Leute. Sie erkannte allerdings ein paar bekannte Gesichter.
Als sie einen Raum mit dutzenden Krickerln an den Wänden betrat, bekam sie nicht nur sofort Mitleid mit den armen Gemsen und Steinböcken, sondern entdeckte auch ein wirklich bekanntes Gesicht.
Wolfgang, Raymonds Freund und Liebhaber, saß allein an einem der urigen Holztische und ließ sich offensichtlich seine Bärlauch-Schlutzkrapfen mit brauner Butter und Parmesan gut schmecken.
Sie setzte sich unaufgefordert zu ihm und bestellte sich ein Bier aus dem benachbarten Augustiner Bräu.
Er runzelte verblüfft seine Stirn.
„Wir kennen uns", sagte sie forsch und fragte ihn, wie seine Premiere verlaufen sei.
Sie wusste, dass er in „Antigone" von Sophokles mitspielte. Seine Beziehung zu Raymond erwähnte sie natürlich mit keinem Wort. Wolfgang war anzumerken, dass er sie rasch wieder loswerden wollte. Er benahm sich zwar nicht gerade unhöflich, war aber wortkarg, antwortete einsilbig auf ihre Fragen. Allerdings stellte sich heraus, dass er vorgestern Abend, als sie in der Steingasse von einem Cabrio-Fahrer verfolgt worden war, eine Vorstellung gehabt hatte und nachher auf einer Premierenfeier gewesen war. Sie verdächtigte ihn jedoch nach wie vor, sie verfolgt zu haben. Bei einer Premierenfeier fiel es niemandem auf, wenn einer der Gäste einmal für eine halbe Stunde verschwand.
Sie wusste nicht so recht, wie sie das Gespräch auf die beiden Morde bringen sollte. Peinliches Schweigen machte sich breit.
Lisa dachte, dass Wolfgang der Mord an Alfonso durchaus zuzutrauen war. Vielleicht hatte er ihn umgebracht, um Raymond seine Liebe zu beweisen? Denn da die zweite Besetzung wegen Heiserkeit ausgefallen war, wäre normalerweise, wenn die Vorstellung nicht abgebrochen worden wäre, für Raymond der Weg, als Don Giovanni zu brillieren, frei gewesen... Eine absurde Idee, ein völlig verrücktes Mordmotiv. Lisa traute aber diesen Künstlern inzwischen alles zu. Doch warum hätte der schöne Wolfgang Alex

Krieg's Mediterrane Fischsuppe

Zutaten:
2 weiße Zwiebeln
3 Knoblauchzehen
insgesamt 400 g Fenchel, Stangensellerie, Karotten, Zucchini und Lauch
250 ml Weißwein
1 l Fischfond
Olivenöl
1 Dose geschälte Tomaten
ca. 600 g gemischte Meeresfischfilets (grätenfrei)
Salz & Pfeffer
Chilipulver
Petersilie

Zubereitung:
Den würfelig geschnittenen Zwiebel gemeinsam mit dem Knoblauch sowie dem klein geschnittenen Gemüse in Olivenöl anrösten. Mit Weißwein und Fischfond ablöschen, die geschälten Tomatenwürfel zufügen und ca. 10 Minuten köcheln lassen. Mit Salz, Pfeffer und Chilipulver abschmecken, anschließend die gesalzenen Fischfiletstücke einlegen und ca. 5 Minuten ziehen lassen. Mit frischer Petersilie bestreuen.

umbringen sollen? Sie brauchte nicht lange zu überlegen. Das Motiv lag praktisch auf der Hand. Alex hatte ja anscheinend immer über alles und jeden Bescheid gewusst. Vielleicht hatte er mitbekommen, dass Wolfgang, der sicher eine Karte hatte, die ihm den Besuch des Backstage-Bereiches bei allen Aufführungen erlaubte, den Degen des Komturs ausgetauscht hatte und ihn deswegen erpresst? Alex hatte sich als Statist bei fast allen Aufführungen herumgetrieben.
Sie fragte Wolfgang schließlich direkt, ob er bei der „Don Giovanni"-Premiere gewesen wäre.
Er schüttelte unwillig den Kopf.
„Ich mag keine Opern und schon gar keine Mozart-Opern. Viel zu volkstümliche Musik. Hab mich an jenem Abend ausnahmsweise mal ausgeschlafen."
„Allein? Verzeih, ich meine, warst du allein an jenem Abend?"
„Was geht dich das an?"
„Natürlich nichts...", stammelte sie verlegen.
„Ja, ich habe den armen Alfonso zur Strecke gebracht, weil ich ein Opernhasser bin und solche Machos wie den Don Giovanni, der ja eigentlich ein verkappter Homosexueller ist, hasse. Oder warum glaubst du, dass ich ihn auf dem Gewissen habe?", machte er sich über sie lustig.
Lisa fühlte sich geschlagen und ließ ihn bald danach allein unter den vielen Hörnern über seinem Haupt sitzen.

Manfredo holte Lisa bei Einbruch der Dunkelheit mit einer weißen Stretchlimousine aus dem Hotel Goldener Hirsch ab.
Als sie in dieses Monstrum von Wagen stieg, verfing sie sich mit dem Stöckel ihrer Sandale in dem bodenlangen, schulterfreien Designerkleid, das sie sich extra für diesen Abend beim Salzburger Kostümverleih geliehen hatte.
Ich sehe aus wie eine blöde Braut, dachte sie und bereute es, nicht ihren schwarzen seidenen Hosenanzug angezogen zu haben.
Manfredo war jedoch hingerissen von ihrem Outfit. Während der Fahrt zum Schloss Hellbrunn hatte sie alle Mühe, seine Hände von sich fernzuhalten.
Sie fand es etwas peinlich, dass sich die Passanten auf der Strasse nach ihrer Stretchlimousine umdrehten. Irgendwann siegte der Schalk in ihr. Sie bat den Chauffeur die Fenster zu öffnen und winkte den gaffenden Fußgängern huldvoll zu.
„Wink ihnen auch", sagte sie lachend zu Manfredo, der sich sichtlich über ihre Ausgelassenheit freute.
Lisa gestand sich ein, dass sie es genoss, Prinzessin für eine Nacht zu spielen und sich riesig auf das Candle-Light-Dinner in Hellbrunn freute.
In der Mitte des marmornen Amphitheaters stand ein großer Marmortisch, umgeben von steinernen, am Boden festgeschraubten Hockern und hell erleuchtet von hunderten Kerzen.
„Voilà Madame, der Fürstentisch!", sagte Manfredo und verbeugte sich tief vor ihr.
Lisa kicherte undamenhaft, obwohl sie zugeben musste, dass sie das romantische Ambiente sehr wohl beeindruckte.
Der Chef des Restaurants Josef Gassner jun., der sie persönlich zum Fürstentisch begleitet hatte, klärte sie über die Wasserspiele auf: „In den Hockern sind Düsen eingelassen, aus denen das Wasser spritzt. Auch die Statuen an den Seiten versprühen tagsüber Unmengen von Wasser auf die kreischenden Besucher. Man sitzt hier praktisch mitten in einem großen Springbrunnen. Als Fürsterzbischof Markus Sittikus dieses Lustschloss erbauen ließ, hatte er natürlich dafür gesorgt, dass in seinem Hocker, also im Sitz

des Gastgebers, keine Düsen eingebaut wurden."
Da es noch nicht ganz dunkel war, machten Lisa und Manfredo vor dem Essen einen kleinen Spaziergang durch den phantasievoll gestalteten Park. Als sie am ebenfalls beleuchteten Teich entlang schlenderten, amüsierte sich Lisa über die riesigen, offensichtlich wohlgenährten Fische.

Sie bestellten dann auch beide Fisch als Hauptspeise.
Die Kellner waren sehr diskret, schlichen nicht andauernd um das Paar herum, sondern hielten sich im Hintergrund, nachdem Manfredo ihnen zu verstehen gegeben hatte, dass er Lisa und sich selbst eigenhändig nachschenken würde.
Manfredo war während des Essens die Aufmerksamkeit in Person. Er verwöhnte sie nicht nur mit all den Köstlichkeiten, sondern auch mit Komplimenten und erwies sich zum zweiten Mal als guter Zuhörer. Seine Küsse waren sanft, seine Zärtlichkeiten eher sparsam, dem fürstlichen Gelage durchaus angemessen, fand Lisa. Sie war froh, dass er sie die pikanten Spinat Gnocchi mit Morchelrahmsauce und den ausgezeichneten Wein in Ruhe genießen ließ und sie nicht andauernd begrapschte. Erst beim Dessert, Topfen-Nougatknödel mit Rhabarber und Hollersorbet, fragte er, ob sie mit in sein Hotel kommen würde.
Es bedurfte keiner großen Überredungskunst seinerseits. Sie brachen gleich nach dem Essen auf.
Standesgemäß residierte er im Hotel Bristol. Eng umschlungen wankten sie auf den luxuriös aussehenden, aber etwas altertümlichen Lift zu. Vergoldete gusseiserne Säulen umrahmten den Liftkorb.
Lisa umarmte eine der Säulen und wiegte sich im Takt einer unhörbaren Musik.
„Mir ist schwindlig", sagte sie zu Manfredo.
Er sah sie entsetzt an.

Lachend legte sie die Hand auf seinen knackigen Po und schob ihn in den Lift.
Zwischen dem ersten und zweiten Stockwerk drückte er auf Stopp. Hob sie hoch, setzte sie auf das schmale Bänkchen und zog ihr den Slip aus.
Als sie seine zärtliche Zunge spürte, begann sie laut zu stöhnen. Er richtete sich auf, bedeckte ihren Mund mit leidenschaftlichen Küssen und verwöhnte ihre Scham mit seinen sanften Händen.
Sie nahm sich vor, kein negatives Wort mehr über Brigitta zu verlieren!
Als sie etwas später in seiner Suite im 3. Stock landeten, begriff sie endlich, dass dieser Mann nicht auf einen sportlichen One-Night-Stand, also auf keine der üblichen Rein-Rausnummern nach fünfminütigem Vorspiel, aus war, sondern sich ernsthaft in sie verliebt hatte.
Das Badezimmer, das sie, gleich nachdem sie seine Suite betreten hatte, aufsuchte, hatte die Ausmaße eines normalen Hotelzimmers und eine exquisite Stuckdecke aus dem 18. Jahrhundert.
Manfredo folgte ihr ins Bad und verwöhnte sie in der luxuriösen Wanne, wie noch kein Mann sie je verwöhnt hatte.
Künstler sind eben auch sexuell viel phantasievoller, dachte Lisa.
Aneinander gekuschelt wie ein altes Liebespaar, schliefen sie erst in den frühen Morgenstunden in dem riesigen Himmelbett ein.

Hotel Goldener Hirsch

Wallerschüssel

Wallersuppe
Zutaten (10 Personen):
750 g Wallerfilet
750 ml Fischfond
100 g Butter, 3 Eidotter
125 ml Noilly Prat
500 ml Schlagobers
5 g Salz, 8 g Zucker
1 Prise Cayenne Pfeffer
1 Prise Safran
Saft einer halben Zitrone

Zubereitung:
Die Wallerfilet in ca. 60 g schwere Würfel schneiden, mit Mehl leicht bestäuben und in Butter anbraten.
Den Fischfond, Noilly Prat, Salz, Zucker, Cayenne Pfeffer und Zitronensaft in einen Topf geben und auf 1 Liter einreduzieren lassen.
Dem reduzierten Fischfond eine Prise Safran beigeben, mit Butter aufmontieren, von der Flamme ziehen und mit 3 Eidotter und Sahne angerührt legieren.

Garnitur für Wallersuppe
200 g Wurzelgemüse
10 Stück Erbsenschoten
100 g rote Rüben

Wallerknödel
Zutaten:
100 g Wallerfilet, 100 g Hechtfilet
25 g Weißbrot eingeweicht
3 EL Creme double
5 EL Schlagobers, 1 Dotter
60 g Gemüsebrunoise
1 EL Noilly Prat
ein wenig Knoblauch

Zubereitung:
Die Zutaten zu einer Farce verarbeiten, das Brunoise-Gemüse beigefügen, runde Knödel formen, in Mehl, Ei und Semmelbrösel panieren. Die fertigen Knödel in schwimmendem Fett herausbacken.

Anrichten:
Das gebratene Wallerfilet mit dem Knödel in eine Schüssel legen, das Wurzelgemüse, die Erbsenschoten sowie die in Stäbchen geschnittenen roten Rüben auf das Wallerfilet legen. Nun die Suppe, jedoch nur bis zur Hälfte der Schüssel einfüllen.

TIPP!
Bei Brunoise handelt es sich um den Fachbegriff einer Schneideart, der beim Kochen verwendet wird, um die Art und Weise zu spezifizieren, wie Gemüse geschnitten werden soll.
Es handelt sich dabei um in sehr kleine Würfel geschnittenes (1-2 mm) Gemüse wie zum Beispiel Paprika, Sellerie, Lauch, Kohl, Zwiebeln. Verwendet wird die Brunoise als Einlage für Suppen und Saucen, aber auch als Beimischung zu Fisch- und Reisgerichten, sowie zur Dekorierung von diversen Salattellern.

Krebsensemmel

Briocheteig für Krebsensemmel
Zutaten (ca. 30 Stück):
80 g Butter, 5 Dotter
20 g Germ
125 ml lauwarme Milch
1 Prise Zucker, 380 g Mehl
10 g Salz, 1 EL Wein

Zubereitung:
Die Butter flaumig abtreiben, Dotter gut hineinverrühren, die Germ mit 3 EL lauwarmer Milch und einer Prise Zucker auflösen. Mehl, Salz und die aufgelöste Germ in die Masse beigeben. 1 EL Wein, sowie die restlichen 3 EL Milch einrühren. Den Teig kneten und auf einem bemehlten Brett an einem warmen Platz ca. 1 Stunde gehen lassen.
Den Teig in gleichmäßige 30 g schwere Stücke portionieren, runde Kugeln formen, diese ganz flach drücken und zu Semmeln formen. Die Semmeln verkehrt auf ein Blech legen und im Garschrank bei 50°C solange gären, bis sie sich um 50% ihres Volumens vermehren. Die gegarten Semmeln umdrehen und auf ein Blech setzen, mit Ei abglänzen und bei 180°C im

Backrohr backen.
Achtung: ordentlich Wasser in das Rohr einspritzen.

Ragout für Krebsensemmel

Zutaten (10 Personen):

500 ml Krebsensauce
400 g ausgelöste Krebse
20 g Kräuter, 60 g Butter
50 g Schalotten
1 EL Schlagobers
100 g gewürfelte Champignons
10 Stück kleine Möhrchen
10 Stück grüne Spargelspitzen
20 Stück Bohnen
10 Stück Briochesemmerl

Zubereitung:

Die Schalotten in Butter ansautieren, die Champignons beigeben, kurz durch rösten und mit der Krebsensauce aufgießen. Die ausgelösten Krebse in der Sauce nur erhitzen – ACHTUNG – nicht kochen!
Zuletzt noch 3 EL geschlagenes Obers durch die Sauce ziehen.

Der Briochesemmel nun den Deckel abschneiden, aushöhlen und erwärmen. Das Krebsenragout in die ausgehöhlte Semmel einfüllen, mit dem ansautierten Gemüse garnieren, den Deckel oben drauf setzen und die restliche Krebsensauce rund um die Briochesemmel ziehen, mit etwas Kerbel ausgarnieren.

Hotel Goldender Hirsch

Wachtel im Schlafrock mit Maurachen (=Morcheln) und Apfelrotkraut

Fülle für Wachtel

Zutaten (10 Personen):
5 Stück Wachteln
200 g Champignons
50 g Schalloten
15 g gehackte Petersilie
300 g Blattspinat
62,5 ml Kalbsjus
100 g Gänseleber
Salz & Pfeffer

Zubereitung:
Die ausgelöste Wachtelbrust leicht plattieren und auflegen, darauf die ausgelöste Wachtelkeule legen. Das Fleisch mit dem Blattspinat belegen und die in Streifen geschnittene und angebratene Gänseleber darauf legen, mit Blattspinat abdecken und die zweite plattierte Wachtelbrust oben auflegen. Aus den Champignons, den Schalotten und der Petersilie ein Duxelles zubereiten und die Wachtel damit oben bestreichen. Die Wachteln salzen und pfeffern und in den Kräuterblätterteig einwickeln, so dass die zugeputzte Keule noch zu sehen ist. Die Wachtel mit Ei bestreichen, bei einer Temperatur von 250°C 10 Minuten im Rohr braten, herausnehmen und noch einmal 5 Minuten ziehen lassen.

TIPP!

Duxelles ist eine würzige Farce aus sehr fein gehackten oder gemahlenen Pilzen (meist Champignons) und Schalotten. Die Zutaten werden in Butter sautiert, bis sie weich sind und die Flüssigkeit verdampft ist. Bei Bedarf kann sie mit Madeira, Knoblauch und Petersilie ergänzt werden. In älteren Rezepten spielen auch gehacktes Rauchfleisch, Tomatenmark und dicke Kraftsaucen (Demiglace) zur Bindung eine Rolle.

Blätterteig

Zutaten für Vorteig:
1750 g Mehl
250 g Zieh-Margerine
4 Eidotter, 20 g Salz
62,5 ml Rum, 50 g Basilikum
15 g Estragon, 15 g Salbei
50 g Petersilie
800 ml handwarmes Wasser

Zubereitung:
Die Zutaten im Rührkessel vermengen und solange bearbeiten, bis sich die Masse vom Kessel löst. Den Teig aus dem Kessel nehmen, die Masse zusammenrollen, einen Kreuzschnitt machen, mit Folie abdecken und kalt stellen.

Zutaten für Butterziegel:
1050 g Zieh-Margerine
250 g Mehl

Zubereitung:
Die Zutaten im Rührkessel vermengen und zu einem flachen Quader zusammenarbeiten.

Endausfertigung des Blätterteiges:
Den Butterziegel in den Vorteig einarbeiten und im 6 Stunden Abstand mit 2 doppelten und 2 einfachen Touren zu Ende fertigen.

Estragonsaft

Zutaten:
Karkassen der 5 ausgelösten Wachteln
150 g Wurzelgemüse
1 EL Tomatenmark
500 ml Rotwein, 50 g Estragon
Salz & Pfeffer
50 g Butter

Zubereitung:
Die Wachtelknochen anrösten, das Wurzelgemüse beigeben, tomatisieren, mit Wasser aufgießen und reduzieren lassen. In einer anderen Pfanne den Rotwein reduzieren, mit dem reduzierten Wachtelfond aufgießen, nochmals einkochen lassen, mit der Butter aufmontieren, salzen, pfeffern und zuletzt den Estragon beifügen, nochmals kurz aufkochen lassen.

Rotkraut

Zutaten 1. Teil:
1 kg Rotkraut
45 g Zucker, 18 g Salz
1/2 Moccalöffel Kümmel
Saft von 5 Orangen
1 EL Zitronensaft
2 EL Apfelessig
1 Stück geriebener Apfel

Zutaten 2. Teil:
50 g Butter, 40 g Zucker
35 g Zwiebeln, 100 ml Apfelsaft
200 ml Rotwein, 200 ml Wasser
1 Apfel (fein würfelig geschnitten)

Zubereitung:
Das Rotkraut am Vortag mit den Zutaten 1. Teil marinieren. Am nächsten Tag die Butter zergehen lassen, den Zucker darin karamellisieren, den feinwürfelig geschnittenen Zwiebel hellbraun darin rösten, das marinierte Rotkraut beifügen, mit Apfelsaft, Rotwein und Wasser aufgießen und dünsten lassen.

Zum Anrichten von einem Apfel kleine Würfel schneiden, in Zitrone und etwas Zucker kurz andünsten und über das Rotkraut geben.

Mit ca. 400 g Morcheln garnieren

Anrichten:
Die Wachtel halbieren, auf Teller rechts setzen. Das Apfelrotkraut und die Morcheln links anrichten und den Estragonsaft um die Wachtel herumziehen.

Alt-Salzburger Schmankerlteller

Mandelpofesen
Zutaten (10 Personen):
30 g Mandeln, 30 g Pistazien
40 g Persipan
125 ml Schlagobers
80 g Biskuitbröseln
2 Eier, 1 EL Zucker
Toastbrot, 1 Ei, 1 Eidotter
Saft einer Zitrone, 2 EL Rum
125 g Marillenmarmelade

Zubereitung:
Die Mandeln und die Pistazien ganz fein hacken und in den Schlagobers geben. Mit Persipan glatt rühren, die Biskuitbrösel, Eier und Zucker beifügen. Die Masse 1/2 Stunde ziehen lassen. Die Toastbrotscheiben mit Marillenmarmelade bestreichen, dann eine Seite davon mit der Nussmasse bestreichen und eine zweite dünne Brotseite darauf legen und in kleine Rechtecke portionieren. Nun die Pofesen in dem verquirlten Ei wälzen und in heißem Fett herausbacken.

Mohn- und Powidlbuchteln
Zutaten für Mohnfülle (5 Personen):
25 g Zucker, 50 g Milch
1 1/2 EL Rum
30 g weiße Couverture
50 g Mohn, 30 g Brösel
80 g Powidl (Zwetschken-Mousse)

Zubereitung:
Die Milch mit dem Zucker aufkochen, in die kochende Milch den Mohn einrühren und weiter köcheln lassen; die Brösel, Couverture und den Rum in die Masse beifügen. Die Masse erkalten lassen.

Zutaten für Buchtelteig (5 Personen):
240 g Mehl, 20 g Hefe
125 ml Milch
40 g Butter
20 g Zucker, 3 Eidotter
geriebene Zitrone, 1 Prise Salz

Zubereitung:
Die Hälfte der Milch mit der Hefe verrühren, einen Teil des Mehls beigeben bis das Hefe-Milch-Gemisch breiig wird, verrühren und mit dem Schneebesen gut durchschlagen. Die Masse mit Mehl gut bestäuben, solange warm stellen bis sich die Masse auf das Doppelte des Volumens erweitert hat. Das restliche Mehl und die anderen Zutaten beifügen und mit dem Knethaken im Kessel solange durcharbeiten bis sich der Teig von der Schüssel löst und einen seidigen, glänzenden und glatten Eindruck macht. Den Teig auf ein bemehltes Brett geben und ca. 45 Minuten zugedeckt an gewärmter Stelle rasten lassen.

Den Teig rollen, formen, kleine Portionsstücke herunterschneiden, auseinander drücken, einen Moccalöffel Powidl, sowie einen Moccalöffel von der erkalteten Mohnfülle auf die Teigstücke setzen.

Den Teig zusammenschlagen, in ausgelassene Butter tauchen und in eine gefettete Pfanne setzen. Die Buchteln müssen nun noch einmal solange gehen, bis sich das Volumen um 50% vergrößert hat.

Die Pfanne in das Rohr geben, Wasser einspritzen, das Rohr gut verschließen und bei 175°C ca. 25 Minuten backen.

Topfen-Kücherl
Zutaten für Topfenkücherl (10 Personen):
120 g Mehl, 100 g Butter
40 g Staubzucker
1 Dotter, Salz
geriebene Zitrone, 50 g gehobelte Mandeln

Zutaten für Topfenfülle:
250 g Topfen, 3 Dotter
50 g Zucker
Saft und Schale einer Zitrone
50 g Butter, 1 EL Cremepulver
1 TL Vanillezucker, 1 Prise Salz

Zubereitung:
Die Teigzutaten verkneten und den Teig kühl stellen.

Die Butter mit Topfen und Dotter glatt rühren, die restlichen Zutaten beifügen.
Den erkalteten Teig ausrollen, Kreise ausstechen und in Förmchen legen. Mit dem Dressiersack die Topfenmasse einfüllen, mit einem kleinen Ausstecher Mini-Teigstücke zum Abdecken ausstechen, auf die Topfenmasse legen, mit gehobelten Mandeln bestreuen und bei 180°C 15 Minuten backen.

Saucen für den Alt-Salzburger Schmankerlteller
Weichselsauce:
Die Weichseln mit Stärkemehl leicht binden und mit einem Schuß Rum abschmecken.

Vanillesauce:
Die Mohn-Powidlbuchteln mit einer Vanillesauce servieren.

Marillensauce:
Die Mandelpofesen mit einer passierten Marillensauce reichen.

Gefüllte Krautroulade

Zutaten:
500 g Faschiertes
1 Krautkopf
250 g Sauerrahm
einige Speckscheiben
Rindsuppe
Salz & Pfeffer

Zubereitung:
Den Krautkopf von den Außenblättern und dem Strunk befreien, in reichlich siedendem Salzwasser kochen, bis sich die Blätter leicht ablösen lassen, danach die Blätter in Eiswasser abschrecken, das restliche Kraut feinnudelig schneiden und in eine gefettete feuerfeste Form geben.

Die abgeschreckten Krautblätter flach ausbreiten, die Rippen plattieren und mit Salz und Pfeffer würzen.
Das Faschierte zu Rollen formen, auf die Krautblätter legen, eine Drehung rollen, die Ende umbiegen und fertig rollen.

Die fertigen Krautrouladen auf das Kraut in der Form legen, mit Speckscheiben belegen, die Rindsuppe untergießen und im vorgeheizten Ofen bei 200°C 25 Minuten dünsten. Danach mit Sauerrahm übergießen und noch 10 weitere Minuten fertig garen. Mit Erdäpfelpüree servieren.

Bärlauch-Schlutzkrapfen mit brauner Butter und Parmesan

Zutaten für Teig:
1 Ei
400 g Mehl
125 ml lauwarmes Wasser
2 EL Öl
Salz

Zutaten für Fülle:
frischer Bärlauch
250 g Topfen
Salz & Pfeffer, braune Butter
Parmesan

Zubereitung:
Das Mehl gemeinsam mit dem Ei, dem Salz, dem Wasser und dem Öl zu einem glatten Teig verkneten und ca. 10 Minuten rasten lassen.

Den jungen Bärlauch fein hacken, mit dem Topfen und den Gewürzen vermengen.

Den Teig dünn ausrollen, mit einem runden Ausstecher (ca. 5 cm Durchmesser) Kreise ausstechen, die Bärlauch-Fülle in die Mitte setzen, den Rand mit Wasser bestreichen, zusammenfalten und mit einer Gabel zudrücken.
Die Schlutzkrapfen in siedendem gewürztem Wasser ca. 4 Minuten kochen, aus dem Wasser heben, abtropfen lassen und auf einem Teller anrichten.
Mit brauner Butter begießen und mit frisch geriebenem Parmesan bestreuen.

Spinat Gnocchi mit Morchelrahmsauce

Zutaten für Spinat-Gnocchi Teig:
450 g Kartoffeln
6 Eigelb
2 EL Spinat Matte
150 g griffiges Mehl
Salz & Pfeffer
Muskat

Zubereitung:
Die Kartoffel gar kochen, schälen und im Ofen bei 90°C 15 Minuten ausdämpfen. Danach mit einer Kartoffelpresse pressen und auf einem Blech überkühlen. Das Mehl unter die ausgekühlte Kartoffelmasse mengen und mit Salz, Pfeffer und Muskat würzen. Die Eigelb und Spinat Matte einarbeiten und rasch zu einem Teig verkneten, den Teig zu einer Rolle von ca. 2 cm Durchmesser formen und 2 cm lange Stücke abstechen.
Die Gnocchi im Salzwasser 3 Minuten kochen lassen und danach in brauner Butter schwenken.

Zutaten für Spinat Matte:
400 g Spinat
1 l Wasser
1 TL Salz

Zubereitung:
Den Spinat grob scheiden und mit dem Wasser und dem Salz mixen, danach passieren und auf 2 bis 3 Töpfe verteilen, langsam aufkochen und vom Herd nehmen, danach den Schaum abseihen und vorsichtig durch ein Sieb (mit Passiertuch) streichen. Die Masse, welche im Passiertuch zurück bleibt, ist die Matte.

Zutaten für Morchelrahmsauce:
2 Stück Schalotten
60 g Morcheln (getrocknet)
250 ml Kalbsjus
4 cl Sherry, 2 cl Cognac
125 ml Schlagobers
1 EL Creme Fraîche
Salz & Pfeffer

Zubereitung:
Die Morcheln in Wasser (lauwarm) ca. 2 Stunden wässern, anschließend halbieren und nochmals 20 Minuten einwässern.
Die Schalotten fein hacken und in einer Pfanne in etwas Butter anschwitzen, die Morcheln dazugeben und mit Cognac und Sherry ablöschen. Den Alkohol gut einkochen lassen, mit Kalbsjus und Schlagobers aufgießen und 20 Minuten leicht köcheln lassen. Zum Schluss die Creme Fraîche beigeben und weitere 5 Minuten kochen.
Die Morchelsauce durch ein Sieb seien, dabei ganze Morcheln bei Seite geben; die Sauce mit dem Stabmixer aufschäumen und die ganzen Morcheln der Sauce wieder beigeben.

Anrichten:
Die Gnocchi in einen tiefen Teller geben, die Morchelrahmsauce darüber napieren und mit etwas gehobeltem Parmesan verfeinern.

Topfen-Nougatknödel mit Rhabarber und Hollersorbet

Zutaten Topfen-Nougatknödel:
30 g Butter, 30 g Staubzucker
1/2 Zitrone (nur Schale)
1 Prise Salz
1 EL Vanillezucker
400 g Topfen
2 Eier, 1 Dotter
200 g geriebenes Weißbrot
3 EL Brösel, 200 g Nougat

Zubereitung:
Die Butter gemeinsam mit dem Staubzucker, der Zitronenschale, 1 Prise Salz und Vanillezucker schaumig rühren. Den Topfen mit den 2 ganzen Eiern und 1 Dotter glatt rühren und mit der Buttermasse vermengen und glatt rühren. Nun das geriebene Weißbrot und die Brösel unterkneten und den Teig kurz rasten lassen. Das Nougat in ca. 1 x 1 cm große Würfel schneiden.
Aus dem Teig kleine Knödel formen, in der Hand platt drücken und jeweils 1 Nougat-Würfel in die Masse legen, verschließen und zu einem Knödel formen. Diese nun 3 Minuten in gesalzenem Wasser kochen, den Topf von der Herdplatte nehmen und noch 10 Minuten ziehen lassen.

Zutaten für Pistazienbrösel:
200 g fein gehackte Pistazien
400 g süße Brösel

Zubereitung:
Die fein gehackten Pistazien mit den süßen Bröseln vermengen und die gekochten Knödeln darin wälzen.

Zutaten für Süße Brösel:
500 g Semmelbrösel
125 g Butter
1 Messerspitze Vanillezucker
1 Messerspitze Nelken (gemahlen)
1 Messerspitze Zimt (gemahlen)
Abrieb einer ganzen Orange

Zubereitung:
Die gesamten Zutaten gut miteinander mischen und im Ofen bei 200°C goldbraun rösten, dabei immer wieder gut durchrühren. Aus dem Ofen nehmen, auskühlen lassen und durchsieben.

Zutaten für Rhabarber-Ragout:
1 kg Rhabarber, 200 g Himbeeren
500 ml Weißwein, 100 g Kristallzucker

Zubereitung:
Die Hälfte des Rhabarbers grob schneiden und gemeinsam mit den Himbeeren, dem Weißwein und dem Zucker in einem Topf weich kochen, danach mixen und fein passieren. Die andere Hälfte des Rhabarbers schälen, in kleine Würfel schneiden (ca. 0,5 cm), unter die Rhabarbersauce heben und weich kochen. Der Rhabarber sollte noch bissfest sein.

Zutaten Hollersorbet:
250 g Hollersirup, 250 g Wasser
200 g Sekt, 20 g Zitronensaft
20 g Läuterzucker (= 20 g Wasser + 20 g Kristallzucker, 1 x aufgekocht und abgekühlt)
20 g Glucose

Zubereitung:
Alle Zutaten gut miteinander vermengen und in der Eismaschine gefrieren. Sollten Sie zuhause keine Eismaschine haben, können Sie das Sorbet auch in einer Schüssel im Gefrierschrank gefrieren und dabei immer wieder gut durchmischen.

Kapitel 7

Beim Frühstück erzählte ihnen Frau Doktor Hostek, die das Haus gemeinsam mit ihrem Cousin führte und die sich höchstpersönlich um ihren prominenten Gast kümmerte und Lisas Anwesenheit beim Frühstück als etwas völlig Selbstverständliches zu betrachten schien, warum es so viele Hotels mit dem Namen „Bristol" gab: „Im Mittelalter wurden Reisende, damals waren das vor allem Ritter, üblicherweise auf Kost und Logis eingeladen. Bis ein englischer Geschäftsmann aus Bristol eines Tages Geld für Essen und Quartier verlangte. Der Name „Bristol" ist nicht geschützt, deshalb gibt es fast auf der ganzen Welt Hotels mit diesem Namen. Allerdings darf es in jeder Stadt nur ein „Bristol" geben."

„Und ich dachte, das wäre eine Hotelkette, wie die Hilton-Hotels", warf Lisa ein.

„Tja, das glauben viele. 1892 eröffnete die Stadt Salzburg, in deren Besitz dieses Haus zwischenzeitlich übergegangen war, das erste mit elektrischem Strom ausgestattete Hotel der Stadt. Von hier aus wurde die gesamte Altstadt diesseits der Salzach mit Strom versorgt."

Lisa interessierte sich mehr für die Zeichnungen, die in der Bar und der Hotellobby hingen.

„Das sind alles Originalzeichnungen von Kostümbildnern der Salzburger Festspiele", sagte Doktor Hostek.

Trotz Manfredos Protest ließ sich Lisa von der Hoteldirektorin die Kostümentwürfe näher erklären.

„Nicht nur Künstler steigen gern bei uns ab. Vor 100 Jahren fand in unserem Hotel der erste Internationale Psychoanalytische Kongress statt. Sigmund Freud, Alfred Adler und C.G. Jung referierten in unseren Sälen. Ich nehme an, Sie kennen die Schriften Sigmund Freuds. Er beschäftigte sich vor allem mit Sexualität."

Lisa nahm der Dame diese Anspielung, falls es überhaupt eine war, nicht übel, sondern nickte nur beflissen.

„Hast du alle Geheimnisse des Hauses entdeckt?", neckte Manfredo sie, nachdem sich Frau Doktor Hostek von ihnen verabschiedet hatte.

„Ich bin halt neugierig", sagte Lisa.

„Glaub bloß nicht alles, was dir die Salzburger erzählen. In dieser Stadt brodelt seit Jahrhunderten die Gerüchteküche. Es kann durchaus mal der Fall sein, dass unter einem Denkmal oder unter einer Büste ein falscher Name steht", sagte er lachend.

„Was willst du damit andeuten?"

„Nichts, ich meine ja nur..."

Lisa war mit Pierre im „Al Pescatore", dem Fischgeschäft von Walter Grüll in Grödig, verabredet.

Manfredo ließ sie erst gehen, nachdem sie ihm versprochen hatte, ihn nachmittags auf einen Kaffee zu treffen und die kommende Nacht wieder mit ihm zu verbringen.

„Ich halte es keine Stunde ohne dich aus", sagte er mit wehmütiger Stimme.

„Warum müsst ihr Latin Lovers immer so übertreiben", spottete Lisa lachend, küsste ihn flüchtig auf den Mund und lief los.

Sie wollte Pierre nicht unnötig warten lassen. Sie hatten Gregor versprochen, für sein Künstlerfest heute Abend ein paar Delikatessen zu besorgen.

BÄCKEREI
HOLZTRATTN

Lisa hatte sich umsonst beeilt, denn Pierre war in seinem Element. Er fachsimpelte mit dem Chef, unterhielt sich mit ihm über die hauseigene Störzucht und kaufte jede Menge Kaviar.
„Dieser Kaviar schmeckt genauso gut wie der berühmte Beluga-Kaviar, ist aber wesentlich billiger", verriet er Lisa. „Und die Fische vom Grüll sind ebenfalls ein absolutes Muss für Fischliebhaber."
Pierre konnte auch der exzellenten Flusskrebsterrine nicht widerstehen und nahm zuletzt noch diverse Pasteten mit. Lisa lief jetzt schon das Wasser im Mund zusammen.
Anschließend fuhren sie rasch zur Bäckerei Holztrattner in der Brodgasse und kauften jede Menge Schwarz- und Weißbrot für die Party.
„Eva Stoll bäckt nicht nur das beste Brot der Stadt, sie bietet auch täglich unter der Wochen einen günstigen Mittagstisch an", sagte Pierre zu Lisa.
Sie begnügte sich mit einer Topfengolatsche. Pierre entschied sich für ein prall gefülltes Nusskipferl, während die sympathische Chefin die diversen Brote sorgfältig einpackte.
Beim kleinen Espresso im Café Fürst wagte Lisa es endlich, das heikle Thema anzusprechen: „Warum hast du mir nicht gesagt, dass Raymond schwul ist?", fragte sie Pierre.
Er gestand, dass er mit seinem Neffen nie über seine sexuellen Neigungen gesprochen hatte, dass er aber schon seit langem den Verdacht hegte, dass sich Raymond mehr zu Männern als zu Frauen hingezogen fühle.
„Und warum hast du dich dann so bemüht, aus uns beiden ein Paar zu machen?"
„Ich habe halt gehofft, eine hübsche und intelligente junge Frau wie du könnte Raymond von den Vorzügen des weiblichen Geschlechts überzeugen", sagte er und sah ihr treuherzig in die Augen.
Lisa amüsierte sich über die Naivität dieses intelligenten Mannes. Nach dieser aufregenden Liebesnacht mit Manfredo fiel es ihr nicht schwer, sowohl Pierre als auch Raymond zu vergeben.
Pierre brachte die Einkäufe allein zu Gregor von Paschinger.
Lisa wollte ein paar Geschenke besorgen, entdeckte aber Trakls Geburtshaus in der Waaggasse und ging hinein.
Sehr nachdenklich schlenderte sie nachher hinüber in die Buchhandlung Mora am Residenzplatz und ließ sich von der kompetenten Buchhändlerin die Trakl-Gesamtausgabe zeigen.

Plötzlich hörte sie eine bekannte Stimme hinter sich rezitieren: „Meine Heimatstadt ist in Wirklichkeit eine Todeskrankheit mit einem undurchdringlichen Menschengestrüpp aus Gemeinheit und Niedertracht..."
„Raymond! Was machst du denn hier?"
„Das gleiche wie du."
Sie lachte und sah sich den Titel des Buches an, das er in der Hand hielt. „Die Ursache" ist eines der wenigen Bücher von Thomas Bernhard, das ich noch nicht gelesen habe", sagte sie.
„Wunderbar, so habe ich jetzt endlich ein Geschenk für deinen morgigen Geburtstag gefunden."
Lisa gab ihm einen keuschen Kuss und flüsterte ihm ins Ohr: „Zwar hatte ich gestern Geburtstag, ich freue mich aber trotzdem."
„Oh, das tut mir Leid", Raymond sah richtig schuldbewusst drein.
„Vergiss es! Ich weiß ja nicht einmal in welchem Monat du Geburtstag hast", beruhigte sie ihn. „Und Thomas Bernhard zählt wirklich zu meinen Lieblingsautoren."
„Sein Verhältnis zu Österreich und insbesondere zu Salzburg glich einer Hassliebe", sagte Raymond.
„Gibt`s da vielleicht eine Seelenverwandtschaft, von der ich nichts weiß?"
Lisa war froh, mittlerweile unbeschwert mit Raymond blödeln zu können, ihm in die Augen schauen und sogar ein bisschen mit ihm flirten zu können. Allerdings zögerte sie, ihm zu sagen, dass sie inzwischen über seine sexuelle Orientierung Bescheid wusste.
Sie wollte Manfredo mit einem Buch überraschen. Da sie seinen literarischen Geschmack nicht kannte, fiel ihr die Entscheidung schwer. Nach langem Überlegen kaufte sie die Liebesgedichte von Berthold Brecht und für sich die „Totentage" von Georg Trakl.
„Ich habe gerade sein Geburtshaus besucht. Diese Inzestgeschichte ist ja wirklich tragisch", erklärte sie Raymond ihre Wahl.
„Ich weiß. Er brachte sich mit einer Überdosis Kokain um. Und drei Jahre später erschoss sich seine geliebte Schwester Grete."
Geschwisterliebe war wohl momentan auch nicht das passende Thema. Sie wunderte sich, dass sich ihre Verliebtheit in Raymond so rasch in fast geschwisterliche Gefühle verwandelt hatte. Daher begann sie, ihn über Brigitta und ihr Verhältnis zu Oscar und Alexander auszufragen.
„Die meisten Männer wollen mit ihr ins Bett, halten sie aber auf die Dauer nicht aus. In den Salzburger Künstlerkreisen gilt sie als „Matratze". Sie wird von einem Mann an den anderen weitergereicht", sagte er abfällig. „Die ganze Herumbumserei bringt ihr aber nichts ein. Sie hat bisher kein einziges ordentliches Engagement gehabt. Natürlich war sie auch nie als Buhlschaft im Gespräch, obwohl sie das überall herum posaunt. Irgendeiner ihrer Liebhaber saß im Festspielkomitee und bemerkte einmal scherzhaft, dass sie die ideale Buhlschaft wäre. Und deshalb bildet sie sich jetzt ein, diese Rolle hätte ihr Hugo von Hofmannsthal auf den Leib geschrieben. Ihr Geld verdient sie sich mit Auftritten in dümmlichen Werbespots und als Model. Aber fürs Modeln ist sie inzwischen viel zu fett."
Lisa irritierte sein verächtliches Gerede, doch sie wollte mehr erfahren. „Und was ist das für eine eigenartige Beziehung zwischen ihr und Oscar?"
„Das arme Schwein ist ihr schlicht und einfach hörig. Sie hat ihn total in der Hand, manipuliert ihn nach Strich und Faden. Er würde alles für sie tun. Wahrscheinlich hat sie ihm irgendwann einmal einen geblasen – entschuldige."
Lisa bemühte sich nicht zu lachen.

ARCHITECTURE
INSPIRATIONS

Doll

„Aber Alex war ihre große Liebe?"
„Schon möglich. Ich werde aus ihr nicht ganz schlau. Zuerst hat sie wegen ihm Rotz und Wasser geheult, dann hat sie sich recht rasch von Alfonso Luciano trösten lassen. Obwohl man munkelt, dass der auch schon wieder die Nase voll von ihr hat."

Nachmittags fuhr Lisa mit Manfredo zu „Doll VIS A VIS". Das Lokal befand sich vis à vis der Kunstgärtnerei Doll, die alljährlich den Blumenschmuck für den Wiener Opernball lieferte.
Lisa trank einen Großen Braunen und naschte ein kleines Stück von dem exzeptionellen Schokoladekuchen, der zum Kaffee mitserviert wurde.
„Die Glashäuser der Gärtnerei kann man für Events mieten", sagte Manfredo. „Ich war hier mal bei einem verrückten Kostümfest. Das hatte fast venezianischen Charakter."
Lisa interessierte sich momentan mehr für den Schokoladekuchen und das bevorstehende Fest bei Gregor von Paschinger. Sie kaufte jede Menge Kuchen fürs Buffet.
Manfredo war sehr enttäuscht, dass sie wegen dieser Party nicht zu seiner Premiere kommen würde.
Sie versuchte ihn mit den Liebesgedichten von Berthold Brecht zu trösten und versprach, seine nächste Vorstellung am Sonntag zu besuchen.
Manfredo freute sich so sehr über das Buch, dass er kaum Worte fand. Anscheinend war er nicht daran gewöhnt, von Liebhaberinnen Geschenke zu bekommen.
„Ich finde es sehr sensibel von dir, mir ausgerechnet Brecht-Gedichte zu schenken", sagte er nach einer Weile.
Lisa blickte ihn erstaunt an.
„Du hast keine Ahnung, warum?" fragte er lächelnd.
Sie schüttelte den Kopf. „Ich habe mich rein intuitiv für Brecht entschieden."
„Umso mehr freue ich mich", sagte er und küsste sie. „Ich schätze Brecht sehr. Aber nicht nur ich. Du weißt, dass ich in der Neuinszenierung von „Dantons Tod" singe. Gottfried von Einem komponierte diese moderne Oper unter dem Eindruck des 20. Juli 1944. Die Salzburger Uraufführung war ein Riesenerfolg. Von Einem spielte in der Nachkriegszeit bei den Festspielen eine führende Rolle. Er war ein radikaler Verfechter der Moderne und ein sehr fortschrittlicher, engagierter und unbequemer Komponist. Während des Brecht-Boykotts wurde er 1951 aus dem Festspieldirektorium ausgeschlossen, konnte aber als Mitglied des Kunstrates seinen Einfluss weiter durchsetzen bis Herbert von Karajan zum absoluten Herrscher der Festspiele aufstieg."
„Was hatte Gottfried von Einem mit dem Brecht-Boykott zu tun?"
„Von Einem bewohnte den Constantinturm am Mönchsberg. Er lud Berthold Brecht, den er eben auch sehr schätzte, zu sich ein, wollte ihn für eine zeitgemäße Bearbeitung des „Jedermann" gewinnen. Sie planten einen „Salzburger Totentanz". Brecht hoffte, auf diesem Weg die österreichische Staatsbürgerschaft zu bekommen. Von Einem bot ihm an, seine Adresse am Mönchsberg als Wohnort bei den Behörden anzugeben. Als der Kommunist Berthold Brecht 1950 tatsächlich die österreichische Staatsbürgerschaft bekam, probten die hysterischen Kalten Krieger den Aufstand."
Lisa hätte gern mehr über diese interessanten Ereignisse erfahren, doch Manfredo sagte energisch: „Genug von Politik! – Jetzt fahren wir zurück in die Stadt. Ich habe auch eine kleine Überraschung für dich." Er küsste sie zärtlich, weigerte sich aber, ihr zu

verraten, was er vorhatte.
Als sie eines der bekanntesten Juweliergeschäfte Salzburgs betraten, ergriff Lisa seine Hand und versuchte ihn wieder auf die Strasse hinaus zu ziehen.
Sie wusste, dass der Juwelier Gerhard Lährm ebenfalls zum Künstlerfest eingeladen worden war. Gregor hatte ihr die Gästeliste gezeigt. Es war ihr unangenehm, dass Manfredo ausgerechnet hier ein Geschenk für sie kaufen wollte. Außerdem wollte sie kein teures Geschenk von ihm. Gerhard Lährm hatte bereits zweimal mit seinen extravaganten und luxuriösen Schmuckkreationen den „Diamonds International Awards“ gewonnen und hatte bestimmt nur exklusive Schmuckstücke in seinem Laden.
Nach einem längeren Streitgespräch erlaubte sie Manfredo, ihr ein goldenes Medaillon zu schenken.
„Auf die eine Seite kannst du ein Foto von mir geben und für die andere schenke ich dir eine Locke von meinem Haar“, scherzte er.
„Du bist ganz schön eingebildet“, sagte Lisa lachend. „Außerdem würde ich an deiner Stelle etwas weniger großzügig mit deinen Locken umgehen, du hast nicht mehr allzu viele.“

Gemeinsam mit Raymond und Pierre spazierte Lisa am frühen Abend zur Stefan-Zweig-Villa hinauf.
„Dieser Aufgang zum Kapuzinerberg wurde bereits im 17. Jahrhundert errichtet“, sagte Pierre, „und hieß früher „Prügelweg“, weil er tatsächlich mit Holzprügel ausgelegt war.“
Zu Beginn war der Weg steil ansteigend. Über eine breite Stiege mit acht Kapellen, die ein wohlhabender Bäckermeister im 18. Jahrhundert hatte errichten lassen, gelangten sie zur Felixpforte.
Bevor sie zur Kirche des Kapuzinerklosters kamen, führte ein anderer Weg über eine Stiege zu einem Kalvarienberg hinauf.
„Jeden letzten Sonntag im Monat laden die Kapuzinermönche nach der Abendmesse die Besucher der Messe auf ihre Terrasse zu einer Agape ein. Gregor und ich waren schon einige Male dabei. Ich kann euch beiden nur empfehlen, sonntags mal in die Heilige Messe zu gehen. Der Blick von ihrer Terrasse ist atemberaubend und der Wein c èst pas mal, non plus“, fügte Pierre augenzwinkernd hinzu.
Lisa wunderte sich über seine ausgezeichnete Kondition. Während Raymond und sie um die Wette schnauften, schien er noch gut bei Atem zu sein.
„Du marschierst wohl täglich hier rauf“, bemerkte Raymond, der offensichtlich dasselbe gedacht hatte wie Lisa.
„Ich nicht. Aber ein alter Mönch nimmt täglich, manchmal sogar mehrmals, den steilen Weg in Kauf. Er bekommt in der Stadt von den Kaufleuten Brot, Wurst und andere Lebensmittel geschenkt und schaut am Rückweg oft im Lorettokloster vorbei. Die Nonnen geben ihm meist Obst und Gemüse für seine Ordensbrüder mit. Und der alte Mann schleppt dann alles den Berg hinauf. Heute leben höchstens fünf Mönche hier heroben. Manchmal haben sie Besuch von Theologiestudenten, die in der Stille des Klosters vermutlich ihren Studien nachgehen.“
Zwischen den dichten Büschen und hohen Bäumen ergatterte Lisa einen ersten Blick auf die geheimnisvolle Stefan-Zweig-Villa.
„Wir sind früh dran. Ich zeig euch noch rasch die Mozart-Gedenkstätte“, schlug Pierre vor.
Lisa schenkte Raymond einen gequälten Blick, folgte den Männern aber die Gartenmauer entlang bis zu einer Pforte.
„In diesem Pförtnerhaus wohnt die Wegmacherein“, sagte Pierre. „Und bevor der Wald anfängt, befindet sich die Mozart-Gedenk-

stätte. Bis 1948 stand auf diesem kleinen Platz das Zauberflötenhäuschen, in dem Mozart in Wien die Zauberflöte komponiert haben soll."
„Das habe ich im Mirabellgarten gesehen", warf Lisa ein und freute sich kehrtmachen zu können. Sie hatte ihren seidenen Hosenanzug bereits durchgeschwitzt.
Da sie unter den ersten Gästen waren, führte Gregor Lisa durch das im 17. Jahrhundert erbaute Paschinger Schlössl und erzählte ihr die jüngere Geschichte des Hauses. „Stefan Zweig und seine damalige Lebensgefährtin und spätere Frau Friderike zogen nach dem Ende des Ersten Weltkriegs hier ein. Er beschrieb die 20er Jahre in Salzburg als „beneidete Jahre des Friedens für mein Leben". In dieser Villa fanden schon ganz andere Feste und gesellige Abende statt als unsere kleine Künstlerparty heute Abend. Von Thomas Mann über James Joyce bis Richard Strauss und Arturo Toscanini waren fast alle berühmten Künstler der damaligen Zeit hier zu Gast. Und sie alle bestaunten das wohl wertvollste Stück des leidenschaftlichen Sammlers, den Schreibtisch Beethovens. Nachdem Hitler in Deutschland die Macht übernommen hatte, ging Stefan Zweig ins Exil nach London. Er wurde jedoch nicht von seiner Frau Friderike begleitet, sondern von seiner Sekretärin. Friderike hatte ihrem Mann, der angeblich kein Frauenverächter war oder besser gesagt wahrscheinlich unter Bindungsangst litt, die um 27 Jahre jüngere Lotte Altmann als Sekretärin vermittelt. Die junge Dame zeichnete sich nicht unbedingt durch Schönheit aus. Dennoch erwischte Friderike, als sie einmal früher als erwartet nach Hause kam, ihren Gatten mit Lotte Altmann in flagranti. Das Ende der Geschichte ist weniger amourös. Stefan Zweig und Lotte Altmann emigrierten nach Brasilien, wo der zur Depression neigende Schriftsteller gemeinsam mit Lotte Altmann 1942 den Freitod wählte."
Sie hatten ihren Rundgang durch die Villa beendet und Gregor musste sich um die neu angekommenen Gäste kümmern.
Lisa stellte sich zu Raymond an die improvisierte Bar, die von Michi, dem Kellner vom Restaurant Wasserfall, betreut wurde.
Das Fest fand im Park der Villa statt. Auf extravagant geschmückten, riesigen weißen Tafeln türmten sich die Delikatessen aus den besten Geschäften Salzburgs. Die unzähligen Kerzen erinnerten Lisa an ihr Candle-Light-Dinner mit Manfredo in Hellbrunn. Sie gestand sich ein, dass sie ihn bereits jetzt, zu Beginn des Festes, schmerzlich vermisste.
Auch wenn es sich um kein Kostümfest handelte, fand Lisa, dass die Garderoben der illustren Gäste Karnevalskostümen glichen. Da sie die meisten Leute nicht kannte, blieb sie dicht bei Raymond und ließ sich von ihm mit Anekdoten über die eintreffenden Künstler unterhalten.
Brigitta führte sich wieder einmal total hysterisch auf. Ihr lautes schrilles Gelächter störte nicht nur Lisa, sondern auch viele der anderen Gäste. Sie erntete jede Menge missbilligende Blicke, schien diese nicht zu bemerken, stürzte sich auf jeden Neuankömmling und spielte, völlig unangebrachter Weise, denn Gregor hatte sie und Oscar nur Raymond zuliebe eingeladen, die Gastgeberin. Lisa empfand fast Mitleid mit dieser Hysterikerin. Jedenfalls hatte sie keine Lust mehr, sich noch länger Raymonds bissige Bemerkungen über Brigitta anzuhören.
Zum Glück tauchte Wolfgang auf. Raymond kehrte Lisa sogleich den Rücken zu und umarmte seinen Freund sehr herzlich.
Sie entfernte sich diskret.
Der Groove der afroamerikanischen Band war mitreißend. Vor allem die schwarze Sängerin erntete frenetischen Applaus. Lisa gesellte sich zu Nina und Haakon, die bereits das Tanzbein schwangen. Obwohl es etwas schwierig war, im weichen Gras den schnellen Rhythmen zu folgen, begannen immer mehr Gäste sich zu bewegen. Keiner konnte bei dieser heißen Musik still sitzen

bleiben oder steif herumstehen.
Als Lisa erschöpft in einen Liegestuhl sank, setzten sich Nina und Haakon, ebenfalls völlig außer Atem, zu ihr. Sie war froh, endlich mal mit vernünftigen Leuten reden zu können und sich nicht mehr länger den boshaften Klatsch der Salzburger Szene-Typen anhören zu müssen.
Nina lehnte die Mozartkugeln, die Lisa ihr anbot, ab und empfahl ihr, die köstlichen Bacis von der Konditorei Der Tortenmacher zu probieren. „Mir persönlich schmecken sie besser als unsere berühmten Mozartkugeln. Übrigens habe ich Herbert und Tina empfohlen, diese weiße Windbäckerei mit ganzen Piemont-Nüssen zu produzieren, denn in Siena werden sie leider nicht mehr hergestellt."
Lisa verteidigte die Mozartkugeln. „Das Café Fürst ist, soviel ich weiß, die erste Adresse, was Mozartkugeln betrifft. Gregor hat mir erzählt, dass der Lehrbub in der Backstube früher immer pfeifen musste, wenn er die Nüsse zerhackte, um seinem Lernherrn zu beweisen, dass er die köstlichen Zutaten nicht selber aufaß. – Aber du hast Recht, Nina, diese hier schmecken komisch. Ziemlich bitter. Sie sind nicht vom „Fürst". Ich weiß nicht, wo Oscar sie gekauft hat."
„Leider hat sich Herr Fürst damals den Namen nicht patentieren lassen, deshalb produziert heutzutage schon fast ein jeder Konditor seine eigenen Mozartkugeln."
Der Wein, den Nina und ihr Mann zum Fest beigesteuert hatten, stammte aus einem Weingut im Chianti, das einem Grafen gehörte. Der Conte erschien zu später Stunde auf dem Fest. Lisa unterhielt sich mit ihm auf Italienisch, obwohl er Deutsch viel besser beherrschte als sie seine Muttersprache. Im Laufe des Gesprächs lud er sie ein, ihn demnächst auf seinem Weingut zu besuchen.
Lisa vernaschte eine zweite Mozartkugel und wollte sich wieder unter die Tanzenden begeben. Plötzlich begann sich in ihrem Kopf alles zu drehen und ihr wurde schwarz vor den Augen. Sie hielt sich an einem der Liegestühle fest. „Mir ist wahnsinnig schlecht... fürchte, ich muss mich gleich übergeben", stammelte sie.
Sie hatte kaum etwas getrunken, aber beim Fischbüffet ordentlich zugelangt.
Nina tippte auf eine Fischvergiftung und rief sofort nach Pierre.
Lisa bekam gerade noch mit, dass sich Raymond und Wolfgang näherten. Dann sackte sie zusammen.
Pierre befürchtete ebenfalls eine Lebensmittelvergiftung. Mit Raymonds Hilfe trug er sie ins Badezimmer, steckte ihr gekonnt die Finger in den Hals und brachte sie zum Erbrechen. Sie kotzte sich die Seele aus dem Leib, während Gregor, der inzwischen auch herbei geeilt war, die Rettung anrief.
„Sie hat zuviel herumgeschnüffelt", seufzte Raymond und überließ Lisa der Fürsorge von Gregor und seinem Onkel.
Pierre wollte nicht auf die Rettung warten, sondern brachte Lisa mit seinem Wagen ins Landeskrankenhaus Salzburg. Gregor bestand darauf, mitzufahren.
Beide Männer saßen die halbe Nacht lang an ihrem Bett.
Pierre machte sich riesige Vorwürfe, meinte, er könne Anna Barnabo nie mehr in die Augen sehen. Er vergoss sogar ein paar Tränen. Sein Freund tröstete ihn, betonte aber gleichzeitig, dass sie unbedingt herausfinden müssten, wer hinter diesem Mordanschlag auf Lisa steckte.
„Da Lisa im Prinzip das gleiche gegessen und getrunken hat wie wir und keinem von uns schlecht geworden ist, muss sie das Gift in anderer Form zu sich genommen haben", sagte Pierre.

Als Lisa wieder fähig war zu reden, stellte er ihr ein paar gezielte Fragen.
Schließlich kamen die Mozartkugeln zur Sprache.
„Oscar hat mir ein kleines Säckchen mitgebracht, es müsste sich eigentlich in meiner Handtasche befinden."
Es dauerte nicht lange, bis Pierre herausgefunden hatte, dass diese in Goldpapier eingewickelten Kügelchen Einstichlöcher aufwiesen.

„Wahrscheinlich sind nur geringe Spuren des Gifts in die feste Nougatmasse eingedrungen. Das war dein Glück. Nur deshalb hast du den Genuss der zwei Mozartkugeln überlebt. Wahrscheinlich werden die kriminalpolizeilichen Untersuchungen ergeben, dass mehr Gift auf dem Goldpapier war als in der Schokolade", sagte Pierre. „Vermutlich handelt es sich um Arsen."
„Ich werde diesem gemeingefährlichen Verrückten eigenhändig den Hals umdrehen", drohte Gregor.
Pierre wollte sofort die Polizei anrufen.
Lisa hielt ihn zurück. „Ich bin überzeugt, dass Oscar mich nicht umbringen wollte. Er mag mich sehr gern. Bitte gebt mir einen Tag lang Zeit, um herauszufinden, was tatsächlich geschehen ist."
Genau das wollte Pierre um jeden Preis verhindern. In der Hoffnung, dass man sie so schnell nicht aus dem Krankenhaus entlassen würde, versprach er ihr jedoch alles, was sie von ihm verlangte, bat sie nur inständig, endlich zu schlafen.

Flusskrebsterrine

Zutaten:
ca. 1 kg küchenfertige Flusskrebsschwänze
ca. 1 l wirklich guter Fischfond (selbst zu bereitet oder von Fischzucht Grüll)
10 Blatt Gelatine
1 Bund Dille
gemischte Blattsalate zum Anrichten
Balsamico-Glace
würfelig geschnittener Zwiebel

Zubereitung:
Eine Terrinenform mit Frischhaltefolie auslegen. Die Dille fein hacken und mit den gewaschenen und küchenfertigen Flusskrebsschwänzen mischen, diese nun schichtweise – jedoch immer in eine Richtung – in die Terrinenform legen. Den Fischfond erhitzen und die Gelatine darin auflösen. Den Fischfond nun vorsichtig über die Flusskrebsschwänze gießen und für einige Stunden kalt stellen.

Sobald die Terrine fest geworden ist vorsichtig aus der Form heben und in ca. 1 cm dicke Scheiben schneiden.

Auf einem Teller die Blattsalate anrichten und mit einem Dressing nach Wahl marinieren, daneben 2 Scheiben der Flusskrebsterrine legen und mit etwas Balsamico-Glace und Zwiebelwürfel dekorieren.

Vis a Vis Schokokuchen

Zutaten:
250 g Butter
230 g Zucker
375 g Schokolade
200 g geriebene Mandeln
100 g Mehl
6 ganze Eier
1 Prise Salz

Zubereitung:
Die Butter mit dem Zucker, der Schokolade und dem Salz in einem Topf zergehen lassen, danach die Mandeln dazugeben. Nun das Mehl und die ganzen Eier abwechselnd dazugeben und alles gut miteinander vermischen.
Die Masse auf einem Backblech ca. 2 cm dick verstreichen und im vorgeheizten Ofen bei 200°C für 20 Minuten backen.

Doll Vis a Vis

Lamm mit Gemüse

Zutaten:
800 g küchenfertiger Lammrücken
Salz & Pfeffer
Olivenöl
1 Knoblauchzehe
Rosmarinzweige
Dijon Senf
Thymian
Kürbiskerne (gehackt und geröstet)

Zutaten für Sauce:
ca. 250 ml brauner Lammjus
Butter
4 gehackte Schalotten
ca. 125 ml Portwein
etwas Salbei

Zutaten für Gemüse:
4 gehackte Schalotten
2 Knoblauchzehen
1 grüner Paprika
1 gelber Paprika
1 roter Paprika
Maiskörner
1 kleine Zucchini

Zubereitung:
In einer Pfanne den mit Salz und Pfeffer gewürzten Lammrücken scharf anbraten, die Knoblauchzehe, Rosmarinzweige und Thymian in die Pfanne dazugeben, den Lammrücken mit Dijon Senf bestreichen und mit den Kürbiskernen bestreuen.

Im Ofen bei 180°C 8 Minuten braten, danach herausnehmen und das Fleisch einige Minuten rasten lassen.

Für die Sauce die Butter in einer Pfanne erhitzen, die klein geschnittenen Schalotten darin kurz anschwitzen, mit Portwein ablöschen und mit dem braunen Lammjus aufgießen. Das Ganze einkochen lassen und mit frischem Salbei würzen.
Für das Gemüse die gehackten Schalotten und den gehackten Knoblauch in einer Pfanne in Butter anschwitzen, die gewürfelten Paprika, die Maiskörner und den gewürfelten Zucchini dazugeben und gut durchschwenken.
Den vom Lammrücken austretenden Saft in die Sauce mischen, den Lammrücken portionieren und mit Gemüse und nach Belieben mit Kartoffeln auf Tellern anrichten.

Bristol-Torte

Zutaten:
250 g Staubzucker
250 g weiche Butter
8 Eigelb
300 g geriebene Mandeln
250 g geriebene Kochschokolade oder Couvertüre
50 g geriebene Butterkeks
8 Eiweiß
1 Schuss Rum
Vanillezucker

Zubereitung:
Mit der Butter und der Hälfte des Staubzuckers einen Butterabtrieb machen und die Eigelb dazugeben. Die Mandeln, Keks, Schokolade, Vanillezucker und Rum miteinander mischen und unter die Butter-Eigelb-Masse heben. Die Eiweiß mit dem restlichen Staubzucker zu Eischnee schlagen und ebenfalls vorsichtig unter die Masse heben.

Eine Tortenform mit Mehl bestäuben, die Masse einfüllen und im Ofen bei 180°C 75 Minuten backen.

Vor dem Servieren mit Staubzucker bestreuen.

Kapitel 8

Lisa verließ Samstagvormittag das Spital auf eigene Verantwortung. Sie sagte weder Pierre noch Gregor Bescheid, die erst in den frühen Morgenstunden ihr Krankenzimmer auf Zehenspitzen verlassen hatten, sondern rief Manfredo an und fragte ihn: „Hast du Lust mit mir ins „capp&ccino“ Frühstücken zu gehen?“

Sie entschuldigte sich, dass sie ihn nicht, wie versprochen, gestern Abend noch angerufen hatte, erwähnte aber mit keinem Ton, dass jemand versucht hatte sie umzubringen, geschweige denn, dass sie die letzte Nacht im Spital verbracht hatte. Es reichte, dass Pierre und Gregor sich Sorgen um sie machten und sie demnächst keine Sekunde mehr aus den Augen lassen würden, sie brauchte nicht noch einen dritten Aufpasser.

Im „capp&ccino” gab es samstags und sonntags Brunch bis 16 Uhr.

Lisa hatte großen Appetit. Kein Wunder, hatte man ihr doch gestern den Magen leer gepumpt.

Der Gastgarten im Bruderhof war überfüllt. Sie setzten sich hinein.

Manfredo wirkte erleichtert. Er hatte gerade begonnen, Lisa von seiner gestrigen Premiere zu erzählen und liebte es nicht, dauernd von Autogrammjägern unterbrochen zu werden.

Das Lokal brachte italienisches Flair in den Bruderhof. Drinnen sah es aus wie in einem riesigen Wintergarten. Lila und Orange dominierten den luftigen Raum. Eine innen eingezogene Betondecke schützte vor der Sonne, die im Sommer selbst in Salzburg enorme Kraft entwickeln konnte. An den Wänden hingen farbenprächtige Acrylbilder des Salzburger Künstlers Andreas Steiner, geadelt mit goldenen Rahmen. Die lichtdurchlässige Architektur ließ die Farben seiner Bilder je nach Tageszeit wie die Morgen- oder Abendsonne erstrahlen.

Trotz des reichhaltigen Frühstücksangebots entschied sich Lisa für das Rindertartar „Puccini“ und hoffte, ihr angegriffener Magen würde ihr das rohe Fleisch nicht verübeln. Manfredo, der aus Kalabrien stammte, nahm „Quadrati d`Alba“ mit Tomaten aus seiner Heimatstadt Tropea.

Michael Klotz bat Manfredo und Lisa sich ins Gästebuch einzutragen und erzählte ihnen von seinem zweiten Lokal, dem „Brüderlein fein“. „Jeden Samstag gibt es bei uns ein traditionelles Salzburger Kesselwurst-Frühstück zu einem gepflegten Pils oder einem erfrischendem Weißbier. Außer den berühmten „Frischen“ von Döllerer‘s Metzgerei und den Innviertler Knödel, bieten wir seit kurzem auch Exoten wie marinierten Tafelspitz in einer Papaya an. Unsere Innviertler Knödel mit Sauerkraut sind mit Fleisch, Geselchtem und Grammeln gefüllt und von einem hauchdünnen Brennteigmantel umhüllt. Sie haben noch jedem unserer Gäste geschmeckt. Wenn Sie Lust haben, können Sie ja auf einen Sprung drüben `reinschauen. Ich würde mich freuen, Ihnen ein Gläschen auf Kosten des Hauses anbieten zu dürfen. Oder möchten Sie hier noch was trinken, einen kleinen Grappa vielleicht?“

Sie lehnten beide dankend ab, folgten ihm aber hinüber ins „Brüderlein fein“.

Lisa amüsierte sich auch über die Einrichtung, die von einem Tiroler Tischler und seiner Frau hergestellt worden war. Jeder Tisch war ein Original: ein Spieltisch, ein Wurlitzer mit kleinen Spieluhren, ein Tisch, in dem ein Weinstein eingelassen war, ein Tisch mit einem kleinen Pelz zum Streicheln unter der Tischplatte...

Sie bestellte sich einen Pfiff. Manfredo ein Glas Rotwein. Als sie wieder allein waren, erzählte sie Manfredo, dass sie eine Magenverstimmung gehabt habe und dass sie sich nach wie vor ein bisschen schwach fühlen würde und sich deshalb ein Stündchen hinlegen wolle. Allein.

Er bestand darauf, sie sogleich in ihr Hotel zu begleiten. Erst als sie ihm versprach, ihn abends, nach dem Essen bei Nina und Haakon, in der „Sketch-Bar" im Hotel „Bristol" zu treffen, ließ er sie allein losziehen.

Sie hatte vom Spital aus Brigitta angerufen und um ein rasches Treffen gebeten. Brigitta hatte ziemlich unwirsch reagiert, aber letztendlich ihrem Drängen nachgegeben und sie für nachmittags ins Franziski-Schlössel bestellt, da sie dort einen kabarettistischen Auftritt mit ihrem Programm „Femme fatal" hatte.

„Sie singt Chansons, einfach grauenhaft, aber sie bildet sich ein, die Nachfolgerin von Hildegard Knef zu sein", hatte Raymond gestern boshaft behauptet.

Raymond war ihr inzwischen ein guter Freund. Seit Brigitta sie über seine sexuellen Vorlieben aufgeklärt hatte, war ihre Beziehung völlig unkompliziert. Sie war ihm nicht einmal gram, dass er sie auf der Party im Stich gelassen hatte. Lisa hatte sich immer einen älteren Bruder gewünscht. Und Raymond benahm sich eben wie ein älterer Bruder.

Nachdem sie sich von Manfredo verabschiedet hatte, fuhr sie mit einem Taxi zum Franziski-Schlössl. Für die lange Wanderung fühlte sie sich zu schwach.

Brigitta war noch nicht da.

Lisa setzte sich in das gemütliche Nebenzimmer. Sie wollte in Ruhe mit Brigitta reden. Bald gesellte sich die fesche, in Rosa gekleidete Wirtin namens Judith zu ihr.

„Erzbischof Paris Lodron hat sich dieses Schlösschen 1629 bauen lassen, um auf seine Untertanen herabblicken zu können", sagte die Wirtin mit einem verschmitzten Lächeln.

Lisa lächelte ebenfalls, war aber nicht recht bei der Sache. Ungeduldig blickte sie auf ihre Armbanduhr.

„Die frommen Herren waren damals weltlichen Vergnügungen nicht abgeneigt und vor allem nach der Jagd ging es hier heroben nicht nur feuchtfröhlich zu. Der Wald war früher nur den Herrn von Salzburg als Jagdgebiet vorbehalten. Das Volk durfte ihn nicht betreten..."

Lisa war nervös, hörte Judith kaum zu.
Als Brigitta endlich daherkam, bestellte Lisa eine kleine Portion Ripperl.
Die freundliche Wirtin begab sich sofort hinein in die Küche.
„Setzen wir uns in den Gastgarten“, schlug Brigitta vor. „Die frische Luft wird dir nach deinem Kreislaufkollaps gestern Abend gut tun. Außerdem hat man von dort draußen eine herrliche Fernsicht auf die Berggipfel im Süden und auf das Alpenvorland im Norden.“
Sie waren die einzigen Gäste in dem großen Gastgarten mit Panoramablick.
Lisa hatte mittlerweile weder für prachtvolle Ausblicke auf die Alpen noch für Small-Talk viel übrig. Als sie sich der Steinmauer näherten, die den Gastgarten begrenzte, sagte sie: „Du hast Oscar angestiftet, Alfonso und Alex zu ermorden und hast deinen Erfüllungsgehilfen anschließend mit den vergifteten Mozartkugeln aus dem Weg zu räumen versucht. Leider wäre ich beinahe daran verreckt. Von wegen Kreislaufkollaps! Aber das hätte natürlich auch zu deinem perfiden Plan gepasst. Ich nehme an, du bist schon in der Steingasse hinter mir her gewesen. Gib es zu...“
„Du spinnst“, zischte Brigitta. Dann stieß sie plötzlich dieses unerträgliche hysterische Lachen aus, packte Lisa um die Taille und versuchte, sie über die Mauer zu heben.
Lisa, die fast um einen Kopf kleiner war, schlug um sich, traf Brigitta mitten ins Gesicht. Sie hing jedoch bereits mit dem Oberkörper über dem Abgrund, als sie laute Schreie vernahm.
Pierre und Gregor standen dicht hinter ihnen. Mit vereinten Kräften rangen sie Brigitta nieder.
Oscar schaute diesem Schauspiel entsetzt zu.
Brigitta beschimpfte ihn lautstark, weil er keine Anstalten traf, ihr zu Hilfe zu kommen.
Der kleine Tumult erfolgte unter Ausschluss der Öffentlichkeit. Sie waren nach wie vor unter sich im Gastgarten.
Während Pierre Lisa aufgeregt erzählte, dass er keine Stunde geschlafen hatte, sondern sich mit Gregor in aller Herrgottsfrüh, gleich nachdem sie das Krankenhaus verlassen hatten, auf die Suche nach Oscar gemacht hatte, riss sich Brigitta von Gregor los und rannte zu ihrem Wagen.
Keiner verfolgte sie.
„Sie wird nicht weit kommen“, sagte Gregor, nahm sein Handy aus der Hosentasche und rief die Kriminalpolizei an.
„Oscar hat sich Freitagnacht, nach dem Fest, in einem der Wehrtürme am Kapuzinerberg bei den Obdachlosen verkrochen“, sagte Pierre zu Lisa. „Siehst du die Reste der Stadtmauer da unten im Wald? Diese Zinnen und Wehrtürme dienen heute den Sandlern als Zuflucht. Die Stadt hat schon vor Jahren versucht, die Obdachlosen in einem Heim unterzubringen, doch sie haben sich strikt geweigert, ihre Wehrtürme zu verlassen. Letztendlich haben sich die Obdachlosen und nicht die Stadtpolitiker und Beamten durchgesetzt.“
Lisa hatte den Eindruck, dass er sie mit dieser Geschichte beruhigen wollte. Aber sie war überhaupt nicht aufgeregt. Im Gegenteil, sie war froh, dass endlich alles vorbei war.
„Du wirst uns jetzt die ganze Wahrheit erzählen“, herrschte Gregor nun Oscar an.
Tatsächlich war Oscar sogleich geständig. Er schien ebenfalls erleichtert zu sein, endlich mit jemandem reden zu können.
Während sie auf die Polizei warteten, schilderte er ihnen den genauen Hergang der Morde und Mordversuche, so als würde er ihnen den Inhalt eines Dramas wiedergeben: „Brigitta hat die Mozartkugeln eigentlich mir geschenkt. Aus eigener Erfahrung weiß

Wirtsha

sie, dass Junkies Heißhunger auf Süßes haben, wenn sie auf Entzug sind." Er hatte Tränen in den Augen. Offensichtlich war ihm gerade erst bewusst geworden, dass Brigitta eigentlich ihn hatte beseitigen wollen.
„Ich hab das Säckchen mit den Mozartkugeln Lisa geschenkt, weil sie gesagt hat, dass sie ebenfalls gern naschen würde und weil ich sie mag", fuhr er schluchzend fort und strahlte Lisa unter Tränen verliebt an. „Du bist so herzlich, so eine warme, unkomplizierte Frau."
Lisa wandte sich verlegen ab.
„Da ich ja bei der Requisite arbeite, war es ein Kinderspiel für mich, den Theater-Degen des Komturs gegen einen echten Degen mit scharfer Klinge auszutauschen. Brigitta hatte gesagt, dass sie sich einen kleinen Spaß mit Alfonso machen möchte. Sie wolle ihn ein bisschen ins Schwitzen bringen, weil er sie so brutal abserviert hatte. Da Alfonso, im Gegensatz zum alten Bruno Wallach, der die Partie des Komturs sang, ein guter Fechter wäre, würde ihm schon nichts passieren, hatte sie gemeint. Und ich Trottel glaubte ihr, wollte ihr glauben."
„Hat sie dir nicht sonst noch was versprochen?", hakte Gregor nach.
Oscar sah ihn verzweifelt an und stammelte: „Ja, ... na...türlich, sie hat ge...sagt, sie wird in Zukunft nur mehr mit mir schla...fen."
Obwohl Oscar ihr leid tat, fragte Lisa ihn: „Und wer hat mich in der Steingasse verfolgt? Warst du das in dem roten Cabrio?"
„Bitte glaub mir, davon wusste ich nichts, bis du es mir im „Sog" erzählt hast. Ich habe Brigitta sofort zur Rede gestellt. Sie hat behauptet, dass sie dir nur einen Schrecken einjagen hatte wollen. Sie hatte nach meinem Anfall und ihrem eigenen Zusammenbruch auf der Toilette im „m32" Angst bekommen, dass du nicht aufhören würdest, herumzuschnüffeln."
„Woher hatte sie das Cabrio?"
„Es gehört Alfonso. Sie hatte ihm einfach die Schlüssel geklaut."
„Bisher haben wir ja nur über die Mordversuche gesprochen. Aber wer von euch beiden hat Alexander umgebracht?", fragte Pierre.
Oscar starrte zu Boden.
„Oscar, bitte sprich weiter", sagte Lisa ganz sanft.
Er brauchte ein paar Minuten, bevor er schluchzend hervorstieß: „Ich konnte Alex nie leiden, aber ich bin kein Mörder. Glaubt mir!"
Lisa ergriff seine rechte Hand: „Ich weiß, Oscar. Was ist wirklich passiert?"
„Alex war bei der „Don Giovanni"-Premiere als Statist engagiert, war also hinter der Bühne. Er hat gesehen, wie ich dem Komtur den echten Degen in die Hand drückte. Und Alex war kein Dummkopf. Natürlich war ihm sofort klar, dass das nicht meine Idee gewesen war. Er erpresste Brigitta, wollte, dass sie ihm Geld und womöglich auch einen Job verschaffte. Er führte sich auf, als wäre er ihr Zuhälter... dieses Schwein, ...". Seine nächsten Sätze gingen in heftigem Schluchzen unter.
Lisa vervollständigte sein Gestammel: „Brigitta, die während der Vorstellung in der Garderobe der Schauspieler, drüben in der Residenz war, ist Alexander auf den Turm der Franziskanerkirche gefolgt und hat ihn hinunter gestoßen, während er „Jedermann" schrie."

Ripperl mit Folienkartoffel und Krautsalat

Zutaten für Ripperl:
ca. 1 kg Ripperl
Ketchup, Honig
Knoblauch
gemahlener Kümmel
Salz, Chili

Zubereitung:
Die Ripperl leicht einsalzen, das Ketchup mit Honig, passiertem Knoblauch, gemahlenem Kümmel, Salz und einer Messerspitze Chili verrühren und die Ripperl damit beidseitig gut einstreichen. Für mindestens 24 Stunden kühl stellen und danach bei 160°C Heißluft ca. 45 Minuten braten.

Zutaten für die Folienkartoffeln:
4 große Kartoffeln
1 Becher Sauerrahm
Salz & Pfeffer
Knoblauch
1 Bund Schnittlauch

Zubereitung:
Den Sauerrahm mit Salz, Pfeffer, feingeschnittenem Knoblauch sowie Schnittlauch vermengen und einige Stunden ziehen lassen.
Die Kartoffeln in Alufolie wickeln und gemeinsam mit den Ripperl im Rohr gar braten.

Anrichten
Die Kartoffeln etwas von der Alufolie „befreien", auf der Oberseite aufbrechen und mit der Sauerrahmsauce füllen, gemeinsam mit den Ripperl auf einem Teller anrichten und mit Krautsalat reichen.

Scampi zafferano con crema di caviale e nero di seppia

Zutaten:
2 Sardellen, 6 Scampi
25 g Safrancreme, 50 g nero di seppia
1 Zwiebel, 250 ml Fischfond
25 g Butter, Olivenöl
30 g schwarzen Kaviar
10 g roten Pfeffer
frische Minze-Blätter

Zubereitung:
Die Safrancreme kalt in den Fischfond einrühren, darin für ca. 2 Stunden die Scampi einlegen.
In einer Pfanne mit Öl die feingeschnittene Zwiebel mit den Sardellen leicht anbraten, die Scampi dazugeben.
In einer zweiten Pfanne den Fischfond mit der nero di seppia und dem roten Pfeffer langsam einkochen, bis eine schöne Creme entsteht.
In der Zwischenzeit den Kaviar mit etwas Olivenöl verrühren.

Zum Anrichten die Tintenfischcreme auf einem Teller anrichten, die Scampi darauf geben und mit dem Kaviar und einigen frischen Minze-Blättern garnieren.

Zutaten Safrancreme:
Butter, Safranpulver

Zubereitung Safrancreme:
Die Butter schmelzen und etwas Safranpulver – bei der Dosierung aufpassen: zuviel Safranpulver kann die Creme bitter machen - mit dem Stabmixer kurz aufschäumen und kühl stellen.

Rindertartar „Puccini“ con caviale rosso e fondo bruno

Zutaten:
200 g faschiertes Rindsfilet
50 g faschiertes Kalbsfilet
4 dünne Scheiben Parmaschinken
70 g roter Kaviar
60 g grüne Oliven
20 g Mehl
1 Eigelb
50 ml Zitronensaft
8 Frühlingskartoffeln
1 Zwiebel
500 g Rucola
25 g Zimt
25 g Butter

Zubereitung:
Das Kalbs- und Rinderfaschiertes mit Zitronensaft, Zimt und Butter mischen und ca. 1 Stunde ziehen lassen.
Die Kartoffeln in Mehl wenden und in einer Pfanne mit Olivenöl gemeinsam mit dem in Streifen geschnittenen Zwiebel braten.
Währenddessen die grünen Oliven klein schneiden und mit Olivenöl und einem Eigelb zu einer Pàte mixen.
Das marinierte Fleisch formen und mit dem Parmaschinken einrollen.
Die Kartoffeln und Zwiebeln aus der Pfanne nehmen und den Kartoffelsud mit Butter, Demi-Glace und Mehl zu einer Creme binden. Diese Creme auf einen Teller geben, die Kartoffeln darauf anrichten, das Tartar in der Mitte des Tellers anrichten.
Die Olivenpàte auf das Fleisch geben und mit rotem Kaviar garnieren.

TIPP!
Demi-Glace ist ein reduzierter, entfetteter, passierter und gebundener Fond. Über 30 kg Fleisch, Fisch oder Schalentiere sind notwendig für nur 600 g Demi-Glace. Es dürfte wenig Sinn machen, sich einen Demi-Glace selbst herzustellen.
Oft hat man Knochen und Parüren vom Wild, Rind oder Kalb. Meist hat man auch die Fischköpfe und Gräten. Aus diesen Zutaten sollte man sich einen Fond selbst herstellen. Aber diesen dann zu einem Demi-Glace zu reduzieren macht keinen Sinn - von 1 l Fond würden gerade mal 20 ml übrig bleiben.

Quadrati d'alba con pomodori freschi di Tropea

<u>Zutaten für Quadrati (=Ravioli):</u>
500 g Mehl, 5 Eier
20 g Muskatnuss, 100 g Ricotta
weißer Trüffel aus Alba

<u>Zutaten für Tomatensauce:</u>
500 g San Marzano Tomaten
Basilikum
Salz & Pfeffer
Knoblauch, Olivenöl
200 g Grana Padano (= Parmesan)

<u>Zubereitung Quadrati:</u>
Das Mehl mit den Eiern zu einem festen Teig mischen und 1 Stunde ziehen lassen. Danach den Teig auf ca. 3 mm Stärke ausrollen.
Für die Füllung den Ricotta und den frisch gehobelten Trüffel mit Muskat zu einer cremigen Paste vermischen und kurz ziehen lassen.
Den ausgerollten Teig mit Eiweiß bestreichen und in regelmäßigen Abständen (ca. alle 5 cm) einen Esslöffel Ricottamasse darauf geben. Eine zweite Teigschicht darüber legen und die einzelnen gefüllten Teigtaschen ausstechen, danach ca. 1/2 Stunde im Kühlschrank mit einem feuchtem Tuch bedeckt ziehen lassen.

<u>Zubereitung Tomatensauce:</u>
Die Tomaten 20 Sekunden blanchieren (das Kochwasser nicht wegleeren), in Eiswasser abschrecken und enthäuten, danach in kleine Würfel schneiden, die Kerne dabei entfernen.
Den fein geschnittenen Zwiebel mit Salz, Pfeffer und Knoblauch in einer Pfanne mit Olivenöl anbraten, die Tomaten dazugeben und leicht ziehen lassen.
In der Zwischenzeit die Quadrati ca. 1 bis 2 Minuten im Tomaten-Kochwasser kochen bis sie obenauf schwimmen.
Mit einer Schöpfkelle herausnehmen, abtropfen lassen, auf Teller geben, mit der Tomatensauce anrichten und frischen Grana Padano darüber hobeln.

TIPP!

San Marzano Tomaten
Bei diesen Tomaten handelt es sich um eine vom Aussterben bedrohte Sorte, die wegen ihrer zarten Beschaffenheit für die industrielle Verarbeitung nicht geeignet ist und deshalb aufwändig handgeerntet werden muss. Aber dafür belohnt sie uns mit einem intensiven Tomatenaroma, das fast schon in Vergessenheit geraten war. Ihr Geschmack ist unverwechselbar frisch und aromatisch. Er entsteht im Zusammenspiel dieser speziellen Tomatensorte mit dem fruchtbaren Vulkanboden und dem durch Seeluft geprägten Klima rund um Neapel.

Bauernbratl mit Erdäpfel

Zutaten für Bauernbratl:
2 kg Bauchfleisch mit Schwartl (NICHT schröpfen lassen)
Schweinsripperl, 10 Stück Knoblauchzehen
2 Stück mittelgroße Zwiebel, 2 EL Schweinsbratengewürz
Salz, 1 EL Kümmel (ganz), 1,5 kg kleine Erdäpfel

Zubereitung:
Das Fleisch mit dem Salz und dem Schweinsbratengewürz einmassieren, mit der Schwarte nach unten in einen Bräter legen und mit Wasser auffüllen, dass sich die Schwarte zur Gänze im Wasser befindet. Die halbierten Zwiebel mit den ganzen, ungeschälten Knoblauchzehen in den Bräter legen, den Kümmel über das Fleisch streuen. Die geschälten Kartoffeln zum Braten legen, bei 140°C 35 bis 40 Minuten braten, immer wieder mit Flüssigkeit übergießen. Das Fleisch entnehmen und die Schwarte schröpfen. Die Ripperl in den Bräter einlegen, das Fleisch mit der Schwarte nach oben darauf legen und noch ca. 1,5 Stunden bei 120°C braten. Die Schwarte immer wieder übergießen, danach die Temperatur auf 100°C senken und eine weitere Stunde braten, übergießen. Den Bräter aus dem Rohr nehmen, das Fleisch und die Erdäpfel warm stellen, den Bratensaft in eine Sauciere passieren.
Vor dem Servieren den Braten unter dem eingeschalteten Grill „überbacken", bis die Schwarte knusprig wird. Danach herausnehmen, aufschneiden und mit dem Bratensaft, den Erdäpfeln, den Semmelknödeln und dem Krautsalat servieren.

Schichtstrudel mit Himbeeren

Zutaten:
1 Packung Strudelteig
ca. 2 EL Staubzucker
250 ml Schlagobers
350 g Himbeeren

Zubereitung:
Aus dem Strudelteig 8 cm große Kreise ausstechen und diese im vorgeheizten Backrohr bei 200°C in ca. 10 Minuten goldgelb backen.
Den Schlagobers steif schlagen, einige der Himbeeren mit einer Gabel zerdrücken, mit Staubzucker süßen und unter den Schlagobers heben.
Abwechselnd Strudelteigblätter mit Himbeerobers und ganzen Himbeeren befüllen, sodass ein Schichtturm entsteht. Mit Staubzucker bestreut servieren.

„der feine frischling" – Schwarzbrot mit Wildschweinschinken

Zutaten:
4 Schnitten Schwarzbrot
Butter
Preiselbeermarmelade
Wildschweinschinken
einige Blätter frischer Salat
1 frische orangefarbene Chili
1 Limette

Zubereitung:
Die Butter cremig schlagen und mit der Preiselbeermarmelade nach Geschmack verrühren, diese auf die Schwarzbrotscheibe streichen. Den hauchdünn geschnittenen Wildschweinschinken darauf verteilen und mit Salatblättern, hauchdünnen Chili-Streifen und Limettenscheiben dekorieren.

„yellow submarine" – Papaya gefüllt mit marinierten Tafelspitzstreifen

Zutaten:
2 ausgewählte Papaya
fein geschnittene Streifen vom Tafelspitz
1 Zwiebel
Essig, Öl
Salz & Pfeffer
Schnittlauch, Tomaten
Rettich, Blattsalate
Kresse

Zubereitung:
Die Papaya halbieren und aushöhlen.
Die Tafelspitzstreifen klassisch mit fein geschnittenem Zwiebel, Essig, Öl, Salz und Pfeffer marinieren und in die ausgehöhlte Papaya einfüllen, mit frischem, geschnittenem Schnittlauch dekorieren.
Auf einem Teller Tomatenscheiben und Rettichscheiben abwechselnd im Kreis anrichten, in die Mitte etwas Blattsalate geben und darauf die gefüllte Papaya setzen.

BACKSHOTS

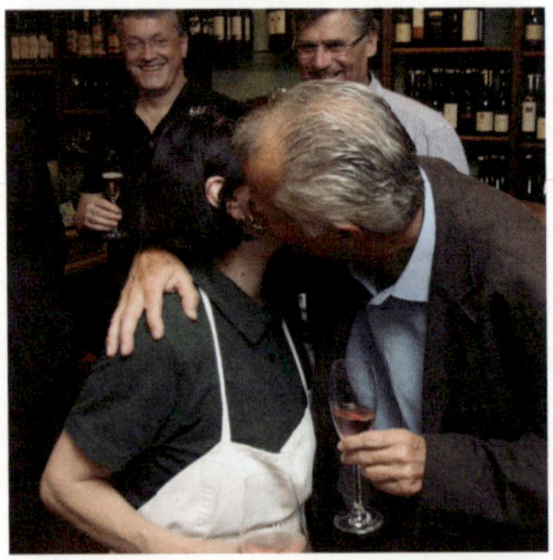

BACKSHOTS

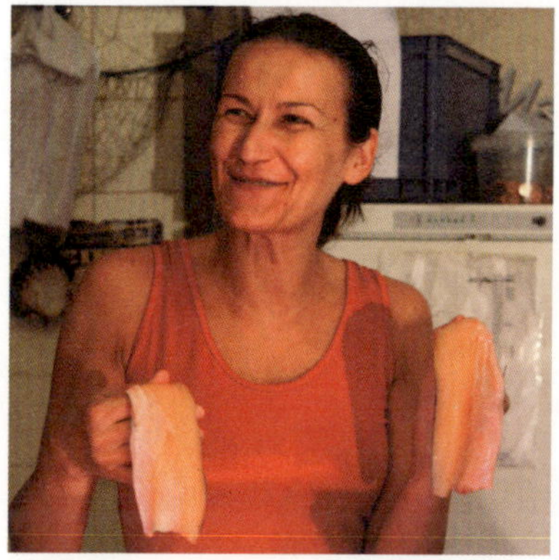

22 Richtung Bergheim

44 Richtung Leopoldskron

21 Richtung Hof

9 35 Richtung Grödig/Anif

39 11 10 Richtung Morzg

Salzburg um 1900

LOCATIONS

1 ALTE F. E. HOFAPOTHEKE (S. 84)
Alter Markt 6
5020 Salzburg
T (+43) 662/84 36 23-0

2 ANDREAS HOFER (S. 93)
Weinstube
Steingasse 65
5020 Salzburg
T (+43) 662/87 27 69
office@dieweinstube.at
www.dieweinstube.at

3 AUGUSTINER BRÄU (S. 15)
Lindhofstraße 7
5020 Salzburg
T (+43) 662/43 12 46
info@augustinerbier.at
www.augustinerbier.at

4 ARTHOTEL BLAUE GANS (S. 6)
Getreidegasse 41 – 43 / Herbert-von-Karajan Platz 3
5020 Salzburg
T (+43) 662/84 24 91-50
office@blauegans.at
www.blauegans.at

5 HOTEL BRISTOL SALZBURG (S. 138)
Makartplatz 4
5020 Salzburg
T (+43) 662/87 35 57
hotel.bristol@salzburg.co.at
www.bristol-salzburg.at

6 BRÜDERLEIN FEIN (S. 170)
Linzer Gasse 39 (Bruderhof)
5020 Salzburg
T (+43) 662/23 02 06
info@bruderhof-salzburg.at
www.bruderhof-salzburg.at

7 CAPP&CCINO (S. 168)
Linzer Gasse 39 (Bruderhof)
5020 Salzburg
T (+43) 662/87 55 45
info@bruderhof-salzburg.at
www.bruderhof-salzburg.at

8 CAFÉ CENTRAL (S. 36)
Kaffeehaus Bar
Dreifaltigkeitsgasse 3
5020 Salzburg
T (+43) 662/87 65 98
central.sbg@aon.at

9 COBRA®-COUTURE (S. 114)
by Katharina Kaesbach
Sigmund-Haffner-Gasse 14
5020 Salzburg
T (+43) 662/84 30 14
www.cobra-couture.at

10 DER TORTENMACHER (S. 159)
Nonntaler Hauptstraße 90
5020 Salzburg
T (+43) 662/82 09 60

11 DOLL VIS A VIS (S. 154)
Nonntaler Hauptstraße 108
5020 Salzburg
T (+43) 662/82 18 29-30
office@doll-salzburg.at
www.doll-salzburg.at

12 DOMPLATZ (S. 87)
5020 Salzburg

13 FELSENREITSCHULE (S. 41)
Hofstallgasse 1
5020 Salzburg
www.salzburgfestival.at

14 WIRTSHAUS IM FRANZISKISCHLÖSSL (S. 172)
Kapuzinerberg 9
5020 Salzburg
T (+43) 662/87 25 95
festefeiernim@franziskischloessl.com
www.franziskischloessl.com

15 CAFÉ KONDITOREI FÜRST (S. 162)
Alter Markt / Brodgasse 13
5020 Salzburg
T (+43) 662/84 37 59-0
cafe@fuerst.cc
www.original-mozartkugel.com

16 GOLDENE ENTE (S. 88)
Restaurant & Bar
Goldgasse 10
5020 Salzburg
T (+43) 662/84 56 22-30
www.ente.at

17 HOTEL GOLDENER HIRSCH (S. 128)
Getreidegasse 37
5020 Salzburg
T (+43) 662/80 84-0
goldener.hirsch@luxurycollection.com
www.goldenerhirsch.com

18 GRÜNMARKT (S. 58)
Universitätsplatz
5020 Salzburg

19 FISCHHANDEL GRÜLL & ZISLER (S. 148)
Al Pescatore
Neue-Heimat-Straße 13
5082 Grödig
T (+43) 62 46/75 49 2

20 BÄCKEREI HOLZTRATTNER (S. 150)
Brodgasse 9
5020 Salzburg
T (+43) 662/84 16 82

21 RESTAURANT IMPERIAL (S. 64)
siehe Hotel Schloss Fuschl

22 ITZLINGER HOF (S. 20)
Hotel-Gasthof-Restaurant
Itzlinger Hauptstraße 11
5020 Salzburg
T (+43) 662/45 12 10
check-in@itzlinger-hof.at
www.itzlinger-hof.at

23 FEINKOST H. KÖLBL (S. 10)
Theatergasse 2
5020 Salzburg
T (+43) 662/87 24 23
info@feinkost-koelbl.at
www.feinkost-koelbl.at

24 FRANZ U. REINHARD KRIEG (S. 133)
Markt auf der Schranne (Donnerstag)
Mirabellplatz
5020 Salzburg

25 BRÄUGASTHOF KRIMPELSTÄTTER (S. 135)
Müllner Hauptstraße 31
5020 Salzburg
T (+43) 662/43 22 74
gasthof@krimpelstaetter.at
www.krimpelstaetter.at

26 JUWELIER GERHARD LÄHRM (S. 158)
Universitätsplatz 5 und 16
5020 Salzburg
T (+43) 662/84 34 77
gerhard.laehrm@laehrm.com
www.laehrm.com

27 MAIER'S (S. 91)
Essen und Trinken
Steingasse 61
5020 Salzburg
T (+43) 662/87 93 79
maier@maiersgastro.at
www.maiersgastro.at

28 m32 (S. 72)
Café Restaurant Bar
Mönchsberg 32
5020 Salzburg
T (+43) 662/84 10 00
info@m32.at
www.m32.at

29 BUCHHANDLUNG M. MORA (S. 152)
Residenzplatz 2
5010 Salzburg
T (+43) 662/84 36 20
mora.marie@aon.at

30 GALERIE PAP-ART (S. 56)
Bergstraße 11
5020 Salzburg
T (+43) 662/87 66 65

31 RESIDENZ ZU SALZBURG (S. 102)
Residenzplatz 1
5020 Salzburg
T (+43) 662/80 42-0
www.salzburg-burgen.at

32 HOTEL SACHER SALZBURG (S. 116)
Schwarzstraße 5 – 7
5020 Salzburg
T (+43) 662/88 97 7-0
salzburg@sacher.com
www.sacher.com

33 SALZBURG CONGRESS (S. 104)
Auerspergstraße 6
5020 Salzburg
T (+43) 662/88 98 7-0
info@salzburgcongress.at
www.salzburgcongress.at

34 SALZBURGER MARIONETTENTHEATER (S. 66)
Schwarzstraße 24
5020 Salzburg
T (+43) 662/87 24 06
info@marionetten.at
www.marionetten.at

21 HOTEL SCHLOSS FUSCHL (S. 62)
Schloss Straße 19
5322 Hof bei Salzburg
T (+43) 62 29/22 53-0
schlossfuschl@schlossfuschlresort.at
www.schlossfuschlresort.at

35 GASTHAUS ZU SCHLOSS HELLBRUNN (S. 136)
Fürstenweg 37
5020 Salzburg
T (+43) 662/82 56 08
office@taste-gassner.com, www.taste-gassner.com

36 SCHLOSS MIRABELL (S. 60)
Mirabellplatz 4
5020 Salzburg
T (+43) 662/8072-0
www.stadt-salzburg.at

37 HOTEL SCHLOSS MÖNCHSTEIN (S. 34)
Mönchsberg Park 26
5020 Salzburg
T (+43) 662/84 85 55-0
salzburg@monchstein.at
www.monchstein.at

38 SCIO'S SPECEREYEN (S. 112)
Sigmund-Haffner-Gasse 16
5020 Salzburg
T (+43) 662/84 16 38
scios.specereyen@gmx.at
www.venusbruestchen.at

39 SOG (S. 100)
Bar – Trattoria
Erzabt-Klotz-Straße 21
5020 Salzburg
T (+43) 662/83 18 27
office@sog.at

40 SPOON (S. 18)
"good mood food" im rupertinum
Wiener Philharmonikergasse 9
5020 Salzburg
T (+43) 662/84 10 01
office@m32.at
www.m32.at

41 ALTSTADTHOTEL STADTKRUG (S. 38)
Restaurant Dachgarten
Linzer Gasse 20
5020 Salzburg
T (+43) 662/87 35 45-0
welcome@stadtkrug.at
www.stadtkrug.at

42 STEFAN-ZWEIG-VILLA (S. 157)
Kapuzinerberg
5020 Salzburg

43 HOTEL STEIN – STEINTERRASSE (S. 46)
Café Bar Lounge
Giselakai 3-5
5020 Salzburg
T (+43) 662/87 43 46-0
salzburg@hotelstein.at
www.hotelstein.at

44 STRASSERWIRT (S. 109)
Leopoldskronstraße 39
5020 Salzburg
T (+43) 662/82 63 91
info@zumstrasserwirt.at
www.zumstrasserwirt.at

45 CAFÉ TOMASELLI (S. 110)
Alter Markt 9
5020 Salzburg
T (+43) 662/84 44 88-0
office@tomaselli.at
www.tomaselli.at

46 CAFÉ RESTAURANT TRIANGEL (S. 22)
Wiener Philharmonikergasse 7
5020 Salzburg
T (+43) 662/84 22 29
triangel@aon.at
www.triangel-salzburg.at

47 VINOVUM WEINHANDEL (S. 108)
5020 Salzburg
T (+43) 664/31 30 130
info@vinovum.com
www.vinovum.com

48 DAS RESTAURANT WASSERFALL (S. 68)
Ristorante Cascata
Linzer Gasse 10
5020 Salzburg
T (+43) 662/87 33 31
info@restaurant-wasserfall.at
www.restaurant-wasserfall.at

49 WEISSES KREUZ (S. 85)
Hotel - Restaurant
Bierjodlgasse 6
5020 Salzburg
T (+43) 662/84 56 41
hotel@weisseskreuz.co.at
www.weisseskreuz.co.at

50 CAFÉ WERNBACHER (S. 12)
Franz-Josef-Straße 5
5020 Salzburg
T (+43) 662/88 10 99
wernbacher.sbg@aon.at
www.cafewernbacher.at

32 HAUBENRESTAURANT ZIRBELZIMMER (S. 118)
siehe Hotel Sacher Salzburg

REZEPTREGISTER

FISCH

WILD

SÜSSSPEISEN

Falls nicht anders angegeben, gelten die Mengenangaben für 4 Personen.

NOTIZEN

Entspannt erwachen,
inmitten der Stadt.
Ausgeschlafen.
That's it.
cityhotels
im zentrum der altstadt
von salzburg
www.salzburgcityhotels.com
www.salzburg-altstadt.at